Cuando
ya nada es
urgente

PEDRO PIQUERAS

Cuando ya nada es urgente

Llegar, estar y saber irse

HarperCollins

Editado por HarperCollins Ibérica, S. A.
Avenida de Burgos, 8B - Planta 18
28036 Madrid
www.harpercollinsiberica.com

Cuando ya nada es urgente. Llegar, estar y saber irse
© 2025, Pedro Piqueras Gómez
© 2025, para esta edición HarperCollins Ibérica, S. A.

Arte de cubierta: CalderónSTUDIO®
Maquetación: MT Color & Diseño, S. L.
Fotografía del autor: Mediaset España

ISBN: 978-84-1064-250-8
Depósito legal: M-3424-2025
Impreso en España por BLACK PRINT

A mi padre.
Nunca fue compensado
por su bondad y su amor absoluto.

Índice

1

Cuando nadie es imprescindible

No hizo falta que sonara el despertador, tampoco tenía conciencia de haber dormido siquiera treinta minutos. Estuve intranquilo dando vueltas en la cama después de una noche, la del día 21 de diciembre de 2023, en la que me había despedido de la cita diaria con las noticias en televisión. Había recibido centenares de abrazos y besos de un equipo maravilloso, el de Informativos Telecinco. Vinieron nuestros corresponsales, redactores y cámaras de nuestras delegaciones territoriales, directivos y trabajadores de los distintos departamentos de la casa. Inolvidable. No había marcha atrás. Se materializaba el adiós que venía planteándome desde hacía algún tiempo. Pero… ¿Y si me había equivocado?

A la misma hora en que los niños del Colegio de San Ildefonso ensayaban sus letanías de números yo estrenaba un futuro diferente. El sorteo de Navidad no me traería ningún premio y no me importaba —tampoco jugaba mucho, nunca he sido muy aficionado a los juegos de azar—, pero ese fue el día en que mi vida se dio la vuelta para ser lo que durante decenios no había sido. Seguro que tendría alguna actividad;

por ejemplo, escribir este libro o dar conferencias o clases. Tenía que pensar de otra manera y aprovechar un tiempo que entregué casi en exclusiva a mi trabajo. Sí, tenía que organizarme y vivir lo que no había vivido. No era tarde… del todo.

Dejar la televisión, el medio en el que había desarrollado mi profesión —diría que casi mi vida— durante los últimos treinta y cinco años, no era fácil. Pero hubo un momento en que pesaba más el deseo de salir que el de permanecer y debía reflexionar detenidamente acerca de cómo hacerlo. A estas alturas tenía la ventaja de haber perdido cualquier tipo de adicción a la cámara, si es que alguna vez la tuve. Presentar, contar a los ciudadanos la actualidad a través de una pantalla, podía tener todavía un cierto atractivo, pero no como al principio. Lo que siempre me había gustado era editar el informativo, tratar de construir algo diferente a los demás y trabajar en equipo, pero no siempre las cosas fueron tan fluidas como habría querido. En los últimos años, además, vestir traje y corbata, pasar por maquillaje y peluquería, ponerme delante de los focos un día tras otro, llegar por la mañana y salir entradas las diez de la noche camino de casa me pesaba.

Tenía claro, por una serie de circunstancias, que la televisión no me hacía tan feliz como en otros tiempos. Mi vida social se había quedado restringida a mis compañeros de trabajo y sin darme cuenta había abandonado a muchos de los más cercanos, incluso a mi propia familia. Tenía que parar y pensar sobre lo que quería para el resto de mi vida. Ya estaba metido en la edad en la que la mayoría de las personas se jubilan o se han jubilado y era el momento de analizar lo que había hecho como periodista, lo que había dejado de hacer como persona y lo que me gustaría hacer a partir de ahora. Cuando en ocasiones no había informativo por alguna transmisión de fútbol y podía ver el bullicio de las calles, la salida de los teatros en la Gran Vía de Madrid o el ambiente de los restaurantes mientras paseaba, sentía que algo me estaba perdiendo. Había vivido prácticamente enclaustrado en una redacción, pero tampoco debía quejarme porque lo había hecho conscientemente, con gusto y con amor hacia mi profesión. Era evidente que había llegado el tiempo de irme y tenía que hacerlo de la mejor manera posible, sin sobresaltos para nadie. ¿Por qué nos empeñamos en que no hay vida más allá de la que hemos vivido durante decenios?

A veces, cuando paseaba con mis dos perras por el campo en Valdemorillo, se hacía fuerte la idea de que llegaba la hora de hacer otras cosas y dejar paso a gente más joven. En una especie de conversación conmigo mismo reflexionaba sobre el porqué de mi cansancio físico y de una cierta abulia, por qué ese desánimo que empezaba a manifestarse. Qué era aquello que no aguantaba, cuál era mi responsabilidad y cuáles eran mis sensaciones ante la perspectiva de dejar lo que años antes consideraba gratificante. Un día de febrero de 2022, en un programa de la SER, *El Faro,* con Mara Torres, hablé de esa idea.

—¿Has pensado, en algún momento, dejarlo todo?

Nunca antes había verbalizado mis intenciones, salvo con los más íntimos, y le dije:

—Sí, lo he pensado muchas veces y más ahora que estoy en la edad de la jubilación. Ese momento está cada vez más cerca. En cualquier caso, cuando eso ocurra, me gustaría hacerlo de acuerdo con mi consejero delegado, con Paolo Vasile, y con mi equipo para que mi salida sea ordenada, sin problema alguno para nadie.

Había muchas cosas que me habría gustado cambiar y no pude; por ejemplo, aquello de estar siempre o casi siempre en la redacción o en la mesa del set de informativos contando la vida a través de una cámara con *teleprompter*. Las coberturas especiales y las salidas al exterior me hacían sentir más cerca la esencia del periodismo. Sí, contar lo que ocurre desde el lugar donde ocurre. Por ejemplo, cuando viajé a Amán y de la capital jordana a la frontera iraquí para seguir la suerte de los ciudadanos españoles que esperaban su regreso a nuestro país tras la invasión de Kuwait, el golpe de Estado contra Gorbachov en agosto de 1991 y poco después aquellas preguntas a Boris Yeltsin en Moscú tras subirse con unos papeles a un carro de combate, o cuando cubrí varias elecciones norteamericanas, el terremoto de Haití o el volcán de La Palma. Me habría gustado haber podido estar allá donde se produjera la noticia, pero no pudo ser, salvo en esas y otras pocas ocasiones.

Empezaba a sentir un cierto tedio por la rutina de hacer una escaleta tras otra durante decenas de años entre radio y televisión; supongo que también pesaba el correr del tiempo y que empezaba a manifestarse una cierta pérdida de algunas facultades. Otra razón para el hartazgo fue el incremento de la polarización política y, fundamentalmente, su irresponsable traslado a los ciudadanos. Entiendo que a veces resulta difícil para muchos no enajenarse, no tomar partido por una u otra opción cuando los discursos dentro del Parlamento, las redes y algunos medios de comunicación vienen cargados de invitaciones al odio con bulos y medias verdades. Todos hemos creído alguna vez cosas que no eran como parecían. Había que mantener distancia, particularmente con respecto a los mensajes de esos *haters*.

Prácticamente todo el mundo vive en pleno proceso de crispación que deforma la realidad y nos anestesia para que pensemos lo que con un poco de reflexión nunca llegaríamos a pensar.

El periodismo y la televisión me habían dado mucho, buenos momentos, éxitos y fracasos suficientes como para construir una carrera que fue larga en el tiempo; también amigos, compañeros y jefes inolvidables en las diferentes cadenas en las que he trabajado y sobre todo los últimos dieciocho años en Mediaset donde me hicieron una despedida sorpresa maravillosa, llena de emociones, impensable. No tenía la menor idea de que eso pudiera ocurrir y no dejé de emocionarme entre ellos tras decir ese «hasta siempre» final al término de un mensaje que me costó pronunciar.

—Cierro cincuenta y un años de profesión entre el diario *Pueblo,* Radio Nacional, y treinta y cuatro de esos años en televisión. (…) Estoy muy agradecido a todos los que me han enseñado este oficio y a ustedes por permitirme entrar en sus casas. Pero ha llegado el momento de irse y de dar las gracias a los directivos de esta cadena y a mis compañeros con los que he intentado hacer informativos basados en el respeto a los hechos y a las opiniones de los protagonistas. Mi lugar lo va a ocupar un periodista con el que he tenido la suerte de compartir coberturas en elecciones, investiduras, volcanes, terremotos. Él se llama Carlos Franganillo. (…) Nada más, por mi parte. Me voy con el mejor de los recuerdos, que es el de haber estado con ustedes tantos años. Les deseo tiempos de menor crispación, de más justicia y de más felicidad. Muy buenas noches y hasta siempre.

Es obvio que mis deseos no se cumplieron. Como profeta o como simple vidente nadie pagaría un euro por mí. Pensaba que tras los comicios de diciembre del 2023 podría llegar la calma, pero el país está más crispado cada día y no sé si más o menos feliz. La justicia también está más en entredicho que antes. Al menos, he descubierto que lo de vaticinar no es lo mío.

Muchas personas me preguntan cómo he sido capaz de dejar un trabajo como este. Me fui a punto de cumplir los sesenta y nueve convencido de que nadie es imprescindible. Mi padre, a quien dedico este libro, me decía alguna vez cuando pasábamos por el cementerio:

—Eso que ves está lleno de imprescindibles.

Era un hombre al que le gustaban los refranes y los mensajes a modo de sentencia. Efectivamente, tomé la decisión porque no hay nadie imprescindible y porque ya era hora de plantearme cómo quería que fuera el resto de mi existencia. Esa quizá sea la cuestión fundamental. La vida no es lo que estamos haciendo durante mucho tiempo, no es la rutina que nos envuelve de la noche a la mañana como si estuviéramos metidos en una noria imparable. Hay un momento en que todos deberíamos pensar en cómo queremos que sea nuestro presente y también cómo queremos vivir el resto de los años que nos queden por delante, desde la perspectiva de que nunca sabemos cuántos serán ni cuántas fuerzas tendremos para afrontarlos.

A veces dedicamos todo nuestro empeño a trabajos verdaderamente absorbentes y no dejamos tiempo al ocio o para encontrarnos con las personas que queremos. Dueños o directivos de empresas familiares, pequeñas o medianas, consejeros delegados de sociedades anónimas, incluso responsables de un departamento determinado o muchos trabajadores suelen tener dificultades para elegir voluntariamente el momento de dejarlo todo y empezar a vivir otra vida con otras sensaciones. Siguen en sus puestos bastantes años después de la edad marcada para la jubilación porque no saben irse, sin advertir que llega un momento en que ya nada es urgente y en el que la vida nos da una nueva oportunidad.

Es verdad que mi empresa, Mediaset, reaccionó con una mezcla de asombro y comprensión cuando planteé seriamente mi salida. La relación con la compañía era ejemplar; por supuesto que alguna vez hubo puntos de vista diferentes e incluso divergentes, pero no puedo decir que hubiera jamás problemas de convivencia. Todo lo contrario. Expliqué mis razones y me pidieron tiempo, un periodo de reflexión porque la cadena había puesto en marcha algunas inversiones en decorados que ya me habría gustado tener hace años. Pero en ese momento mi decisión de salir era firme. No era una tontuna de los últimos meses. Había pensado en ello incluso antes de que estallara el COVID, pero luego llegaron la extensión fatal de la propia pandemia, la invasión rusa de Ucrania con la consecuencia de esta guerra injusta, el estallido del conflicto entre Israel y los palestinos —de una gravedad imprevisible— y después un calendario atiborrado de citas electorales. Ahí ya sí que me paré. Nunca hay un buen momento para que un periodista pueda decir adiós, pero pensé que ese instante había llegado...

—Una vez que haya un presidente, sea Pedro Sánchez, sea Alberto Núñez Feijoo, diré adiós.

Lo anuncié a mis superiores y fijamos una fecha: el 21 de diciembre de 2023. Me preocupaba el papel que iban a tener las personas que me acompañaron en esta aventura. Los nuevos directivos mantuvieron su confianza en todas ellas y podía irme muy tranquilo.

Hace unos meses, desde esta editorial, HarperCollins, se pusieron en contacto conmigo con la intención de que les hiciera llegar un texto para su publicación. Me sugirieron que plasmara sobre el papel una historia que solo yo pudiera contar; algo así como escribir mi experiencia personal en el periodismo y ese momento en que decidí dejarlo todo para aprender a vivir de otra manera. Fue entonces cuando me puse a redactar lo que ahora tienen en sus manos.

He intentado contar una visión, una historia personal dentro de la historia reciente de este país; una especie de confesión desde la niñez. No hay nada que ajustar. Quiero poner en valor a personas, hechos y situaciones que fueron importantes en algún momento de mi vida. También aquellas situaciones y anécdotas que fueron útiles para mi aprendizaje y que, tal vez, puedan servirle a alguno de ustedes. He pasado buenos y malos momentos, como todos, y por todo ello, también gracias. He conocido la generosidad y el egoísmo y he tenido contacto con muchas buenas personas y con algunas que procuro dejar en el olvido. Si me permiten, empiezo... por el principio.

2

CUANDO TODO LO QUE HAY POR DELANTE ES ESPERANZA

Creo que mi primer recuerdo de un periódico es aquel que sujetaba mi padre con sus manos después de comer y antes de que le entrara el sopor que le hacía caer rendido sobre la mesa camilla. Devoraba la prensa; le gustaba estar informado de todo y por eso cada mediodía, al volver del trabajo, traía un ejemplar de *Pueblo,* el mismo periódico en el que empecé como estudiante en prácticas muchos años después. Le recuerdo sentado en su silla de brazos, abriendo aquellas páginas de papel que me parecían inmensas; todo es muy grande cuando apenas se levanta un metro y pocos centímetros del suelo. A veces me pedía que leyera para él un artículo o una noticia y que lo hiciera en voz alta. A él le debo la inicial afición a la lectura y el placer de pronunciar palabras que tan útil fue para el resto de mi vida. Después llegaba la hora de subirse de nuevo a su bicicleta Orbea de color negro y pedalear hasta la tienda de zapatillas, alpargatas y aperos de labranza en la que trabajaba con sus tres hermanos varones.

En aquellos tiempos mi ciudad casi no conocía el asfalto. Salvo las calles principales del centro, todas eran de tierra, también aquella del Progreso situada ya muy cerca de las huertas y los campos de cereal. Una calle plagada de niños a la salida del colegio en la que jugábamos a todo, principalmente al fútbol ante la atenta y aterrada mirada de madres temerosas de que un balonazo se estrellara contra los cristales de las ventanas, entonces tan frágiles. El temor de nosotros, los pequeños, era que la pelota cayera en el patio de Enrique, el cuchillero del número 4, que siempre amenazaba con rajarla si eso pasaba. No recuerdo si eso llegó a ocurrir, pero creo que no porque me acordaría. Habría sido el único sobresalto en una vida que diariamente se producía de forma plácida.

Las niñas siempre jugaban por su cuenta lejos de nosotros o en alguno de los patios. El mundo de entonces nos separaba y si alguno se acercaba a ellas lo despedían con un gritito de ¡fuera, mariquita! Todo sucedía, lo bueno y lo malo, en aquel rectángulo de nuestra calle; apenas ciento veinte metros de larga. Allí pudimos ver la salida de algún féretro, entre ellos el de mi abuelo, Santos Adrián Gómez Arnedo, que tenía nombre de personaje de novela antigua o de la nueva narrativa hispanoamericana. También era el escenario donde se celebraban las comuniones, los nacimientos, sobre todo los de los Martínez, los tintoreros, que con seis hijos era la familia más prolífica de ese espacio. Uno de ellos, Juanito, se convirtió con el tiempo en mi amigo más cercano. Nosotros éramos dos, mi hermano José Antonio y yo, aunque podríamos haber sido tres si mi madre no hubiera perdido otro que esperaba cuando yo tenía siete años…

En aquella calle el ambiente era muy amigable, lo que se dice de buena vecindad… La mayor de las fiestas era cuando se celebraba la matanza, en la que participaban todos, comiendo algo de tocino fresco y ayudando. Quien más quien menos tenía en su casa un cerdo al que alimentaba hasta producir un engorde suficiente… Una matanza que llegaba con los fríos a aquel barrio de viviendas con patio y algún árbol; nosotros teníamos dos parras y comíamos muchas uvas. Realmente, desde que maduraban, apenas comíamos otra cosa; eran como el cocido, que se comía recién hecho, al día siguiente y en los días posteriores como frito o refrito con tomate.

Esas casas no tenían otra calefacción que el brasero de picón que mi madre preparaba con esos restos de carbón y unas astillas… Habían sido construidas para albergar a guardias civiles y a sus familias y mi abuelo materno lo era.

Cada año engordábamos un cochino, y ya avanzado el invierno el encargado de asestar la cuchillada en la yugular del animal era el tío de Juanito. Oficialmente y para todos se llamaba Esteban, pero originaria y familiarmente su nombre era Lenín, pronunciado así, con acento en la í. A su madre, una mujer pequeña, siempre enlutada y con el pelo cano recogido en un moño, se le escapaba el innombrable nombre y gritaba Lenín por aquí, Lenín por allá. El marido era un socialista de un pequeño pueblo serrano, el Masegoso, que le puso a su hijo el nombre del ideólogo y líder comunista ruso sin poder predecir que después vendría una guerra, el final de la República y una larguísima dictadura. Bueno, por llegar llegó hasta su propia muerte en el penal de Chinchilla de Montearagón, donde se pasaba hambre y frío. El mismo penal en el que también estuvo mi abuelo Abel, que, aun siendo republicano, supo que en guerra no es bueno hacer determinados comentarios.

Según me contaron ocurrió en la tienda, durante uno de los bombardeos que castigaron a la ciudad. Fue más o menos de esta manera:

Era por la mañana y aquel comercio estaba lleno de gente, de clientes y de personas que se refugiaron huyendo de las explosiones. Entre ellos varios milicianos. Uno de ellos, según parece, dijo:

—Ya están esos hijos de puta… intentando matar a cuantos más mejor.

—Hombre —repuso mi abuelo—. Supongo que los nuestros también andarán tirando bombas.

—¿Qué has dicho, Abel? ¿No estarás del lado de Franco?

—No, ya sabéis que no, pero en la guerra sufren las dos partes.

Y de allí al calabozo y más tarde al penal de Chinchilla, donde entonces se encerraba a los sospechosos de ser enemigos de la República y con el final de la guerra a cualquier sospechoso de ser enemigo del nuevo régimen. Mi abuelo fue liberado después de meses en que su mujer, mi abuela Ana María —ni se imaginan lo guapa que era—, le llevara ropa de abrigo y comida porque allí, como decía antes, se pasaba hambre y frío. Mucho frío.

Años después de aquellos sufrimientos de la guerra, en mi calle, como decía, la matanza del cerdo se convertía en una fiesta. Con el paso del tiempo es difícil entender que los niños estuviéramos en medio de ese festival de ollas con agua hirviendo, con el marrano gritando mientras Lenín/Esteban tiraba de su hocico con un gancho, y que presenciáramos en primera fila cómo brotaba la sangre a borbotones desde ese lado del cuello. ¿Era la naturalidad de la muerte? El animal cumplía su papel de víctima y motivo de fiesta y alimento. Después, también delante de nosotros, se hervían las tripas, se separaban las carnes magras y jamones y se trituraba y se sazonaba la composición de los embutidos. La sensibilidad del siglo XXI no podría permitir que aquello se produjera en un entorno vecinal, pero puedo asegurar que nadie asistía a aquel espectáculo de sangre, calderas y frío con maldad alguna o con disfrute por el sufrimiento del animal. Era pura y simplemente lo normal para quienes estaban más que acostumbrados a ese rito. Por decirlo de alguna manera, habíamos nacido con ello a cuestas.

La matanza se celebraba en las casas con gorrinera y patio hasta que las más modernas disposiciones municipales impidieron que, por cuestiones de salud pública, pudiera repetirse algo así. Un día, supongo que antes de la prohibición, sentí que lo que se hacía con el cochino había dejado de gustarme... Ya no era algo normal. No es lo mismo estar con todos, padres, hermanos, amigos y vecinos, participando de aquel jolgorio, que hacerte un poco más mayor y pensar al respecto.

En esa economía de casi subsistencia y a veces trueque también tuvimos una cabra que un cabrero recogía todas las mañanas y la devolvía con un jarro de leche al caer la tarde, pero mi madre le pidió finalmente que se la llevara y renunció a ese producto por temor a que sufriéramos unas «fiebres maltas»; algunos casos se habían dado, según se decía, así que sustituimos la leche de cabra por la de vaca que cada día repartía Juana, la lechera de la zona, una buena persona a quien mi madre recriminaba alguna vez que aquel líquido blanco tuviera un cerco más claro en la superficie por el efecto de algún «bautizo». Era la forma de aumentar los litros de leche, un milagro que Juana obraba alguna vez, en unos tiempos difíciles para todos. Ella era, así la recuerdo, una persona afable, atenta con los niños, siempre sonriente y algo entrada en carnes.

Podría decir de corrido los nombres de todos los habitantes de aquella calle a los que Juana vendía su leche. Todos sabíamos casi todo de todos… y la vida resultaba muy familiar, de respeto. Todos esperaban algo más y todos querían un futuro mejor para sus hijos, haciendo honor al nombre de aquella vía, «del Progreso». Me gustaría, como en un túnel del tiempo, volver cinco o seis decenios atrás y verlos. La salida a la calle de Mili, la modista, siempre tan arreglada, tan guapa; la señora Angelita, la familia de Juliete y Mari Chelo, los Labarta, la familia de Clemente…, los Rada. Sí, me gustaría volverme invisible y retroceder en el tiempo para observarlos y, sobre todo, para sonreír viendo a mis padres en los que fueron algunos de los pocos años felices de su vida.

También podría volver al colegio, el del Perpetuo Socorro, en el que tanto aprendimos mi hermano y yo. Una escuela creada por tres maestros muy jóvenes. Era una enseñanza dura. Recuerdo los muchos deberes que nos ponían para casa y el temor a no tener una buena caligrafía porque eso enervaba a don Felipe, el director, con la inevitable consecuencia del castigo; y si no que se lo pregunten a Enrique Rada, el más revoltoso de los alumnos y a quien el maestro había reprendido con dureza delante de todos en más de una ocasión. Mi temor a los brazos en cruz, a las horas extra de estudio y a algún palmetazo hicieron que me comportara casi de diez. Vamos, todo un ejemplo para el resto de los componentes de la clase, que me regalaron el título de empollón con el que se adornaba a gente tan disciplinada —o tan temerosa— como yo, que sacaba notas altas hasta en religión. Pero no fue siempre así en el futuro.

Allí hice mi primer periódico mural… Era una cartulina relativamente grande que colocábamos en el pasillo con unas chinchetas y en la que dábamos algunas noticias de consumo interno. Por ejemplo, actividades extraescolares, clases de recuperación. Había que incluir alguna oración, algún consejo de buenas maneras e higiene, buen comportamiento y dibujos. Era una publicación muy simple, pero fue mi primera incursión en el periodismo sin intuir, claro está, que aquella podría ser mi profesión en un futuro.

3

CUANDO EMPIEZAS A INTUIR LO QUE QUIERES SER

Me pregunto cuándo llegué realmente a pensar en el periodismo, en el que he vivido los últimos cincuenta años y en el que siempre me ha preocupado cómo llegar, saber estar y saber irme.

A los trece o catorce hacía un periódico con mis amigos de la OJE, aquella organización juvenil franquista, en cuyos salones podíamos jugar al ajedrez, las damas o al tenis de mesa, el *ping-pong,* deporte que no se me daba mal del todo, aunque el jodido de Pepe Roldán me ganaba siempre. La OJE estaba subvencionada, y a su «Hogar» acudían chicos de la clase media y baja; «las clases populares» que se decía y los de familias ideologizadas en el franquismo, mientras que los hijos de familias bien estaban en los incipientes Boy Scouts, que patroneaban los padres escolapios. También salíamos de caminatas por espacios naturales y en verano viajábamos de campamentos al espectacular nacimiento del río Mundo, en Riópar. Aquella organización tenía su *dress code.* Las camisas de los jóvenes, llamados flechas y arqueros, eran de color *beige* muy parecidas a las de las Juventudes Hitlerianas. Los mayores de dieciocho ya podían ponerse la camisa azul, el color de la Falange, con aquella boina roja heredada del carlismo como consecuencia del proceso unificador del Movimiento. Es lo que había.

Todo muy organizado en su clasificación por edades y con unos mandos que intentaban instilar mucha ideología en nuestros cerebros, a fin de cuentas, muchos de ellos eran profesores de Formación del Espíritu Nacional en los colegios de la ciudad. Todo era muy nacional en aquellos tiempos. Sin embargo, releyendo uno de los artículos en un ejemplar que aún guardo, y que trataba sobre la explotación de los jóvenes en el mundo laboral, creo que bien podría haber sido escrito por un jovencito aleccionado en el marxismo/leninismo. Bueno, en aquellos tiempos algunos reputados falangistas presumían de batallar por la justicia social. Escribíamos aquellas cosas motivados por la situación indefensa de una buena cantidad de adolescentes con mucho trabajo y poca paga... Se les llamaba aprendices, pero su aprendizaje era larguísimo.

También en una página de esa publicación veo que utilizábamos la palabra «subnormal», así, brutalmente, para señalar a cualquiera que sufriera una discapacidad mental. En una de las entrevistas de aquel periodiquillo había preguntas como estas: «¿Cómo reaccionan los padres cuando saben que tienen un hijo subnormal?». «¿Tiene, el subnormal, conciencia de serlo?». Lo curioso es que era un lenguaje avalado por la oficialidad. De hecho, si consultan en las redes verán que había un día llamado Día Nacional del Subnormal. En mi ciudad se instalaba una gran pancarta entre el Gran Hotel y el Banco Central que decía eso: «Día Nacional del Subnormal, 26 de abril». Hay fotos que dejan constancia del despropósito y uno no deja de agradecer, por estas y otras muchas cosas, la evolución y los cambios de denominación que llegaron con la democracia. Incluso en las facultades de Medicina se estudiaba en aquellos años esta gradación: subnormalidad, subnormalidad profunda y cretinismo. Muchas veces me pregunto cómo hicimos para dejar atrás todo eso y liberarnos de aquella programación mental. No era fácil, la verdad. Cuento estas cosas con algo de vergüenza, pero son situaciones que se producían en un mundo que era de otra manera y que tenía que evolucionar profundamente.

Esto pasaba en España, pero también en los países del Este de Europa. A nosotros nos inculcaban el amor a Franco con una serie de consignas y cantos cara al sol mientras los niños de países como la Unión Soviética aprendían las bondades de Stalin, del paraíso comunista y cantaban *La Internacional*. Así eran las cosas en los tiempos de mi infancia y mi adolescencia.

Al margen de todo esto, lo más útil en aquellos años era estudiar las materias importantes, hacer vida con los amigos, algo de deporte —poco en mi caso— o leer los libros del Círculo de Lectores que, gracias a la suscripción de mi madre, empezaban a poblar el mueble del salón comedor de mi casa como aquel de *Los cipreses creen en Dios,* sobre los años previos a la Guerra Civil, *Duermen bajo las aguas,* de Carmen Kurtz, o aquel *El alma se apaga,* del húngaro Lajos Zilahy… No recordaba especialmente el contenido de este último libro —aunque su título nunca lo olvidé, era de los primeros que leía— y lo volví a leer muchos años más tarde cuando me dio por frecuentar la capital húngara… El de Zilahy —que visto con distancia era una rareza inexplicable en mi vida, sobre todo a esa edad— y otros libros del Círculo cubrieron un hueco muy importante en mi adolescencia.

Pero más que en mi propia casa, donde me gustaba leer era en la biblioteca pública que estaba en la Casa de la Cultura junto al Teatro Circo y donde aparte de novelas de clásicos y contemporáneos podía acceder a libros de aventuras y tebeos, fundamentalmente la saga de Tintín, que abría muchas expectativas a la imaginación con sus viajes, sus compañeros y sus extrañas situaciones alrededor del mundo. No sé si su lectura me empujó hacia el periodismo. Algunos compañeros decían que a ellos les ocurrió; en mi caso no estoy del todo seguro. Lo que sí sé es que me encantaba el personaje y me mordía las uñas de rabia cuando por unos minutos el último ejemplar ya había sido prestado a otro estudiante. En cualquier caso, nunca olvidaré aquel salón, lleno de libros y mesas en el que muchos jóvenes se encerraban para leer y conocerse entre aquellos «chissssss» que, desde la mesa de préstamos, llamaban al silencio.

4

CUANDO VIMOS QUE NO ESTÁBAMOS SOLOS

Con mi edad, sesenta y nueve años cuando escribo estas líneas, ya voy siendo de las personas que han podido vivir el progreso de la vida en mi país de un modo parsimonioso, lento si lo comparamos con los años más recientes en que los cambios se han producido con una velocidad y una contundencia difícil de asimilar. Por ejemplo, aquel tránsito de la radio a la televisión fue tranquilo, muy poco a poco. Nada se hacía con urgencia; de hecho, ambos medios coexistieron y coexisten aún en perfecta armonía.

La muerte de Kennedy la supimos en casa todavía por aquel receptor de capilla, como se le llamaba a esa radio por su forma de arco gótico. Dieron una nota urgente, que se decía entonces, y corrí a decírselo a mi madre.

—Será su padre que se ha muerto.

—No, mamá. Es el presidente, que lo han matado.

Recuerdo perfectamente el lugar en que me encontraba, junto al sillón de orejas que había pertenecido a mi abuelo Santos. Mi madre estaba en la cocina desde donde no se escuchaba del todo bien y por eso fui corriendo a contárselo.

La muerte de Kennedy fue un zarpazo para muchos. Era muy querido en España, sobre todo porque era católico y eso sumaba puntos. Lo supimos por la radio, ya digo, porque la televisión no había llegado a casa. Todavía.

La primera vez que vi uno de esos aparatos fue en la Peña Taurina Pedrés, fundada como homenaje al torero Pedro Martínez, Pedrés, oriundo de la ciudad. Estaba en un saloncito reservado a las familias de los socios mientras estos, entre ellos mi padre, jugaban sus partidas al póker, al tute o la brisca. En aquella televisión recuerdo ver la serie de *Rin Tin Tin*, un perro pastor alemán que obedecía las órdenes del jovencísimo cabo Rusty del Ejército norteamericano, o los programas de Franz Johan y Herta Frankel con su perrita Marilín, unos austríacos que se habían establecido en España allá por los años cincuenta y sesenta. La perra no sé de dónde era, tal vez austríaca también. Había muchos perros en la televisión cuando lo de tener una mascota era un imposible solo reservado a las personas de las clases más altas.

Nuestro perro, el perro de aquel vecindario, era Tom; un callejero de manchas blancas y negras que vivía en el taller de los escayolistas de la esquina. Le dábamos de comer sobras de casa. Era como si hubiera sido adoptado por todos los niños. Siempre estaba en medio de nuestros juegos, hasta cuando jugábamos a ser toreros. Tom embestía muy mal a pesar del tiempo que invertíamos en que aprendiera, por lo que finalmente ese papel lo tenía que hacer cualquiera de nosotros.

En eso de dar pases de capote y de muleta el más sobresaliente era Juanito, que años más tarde llegó a tomar la alternativa y alternó con las grandes figuras de los años setenta, pero duró muy poco su carrera a pesar de que era un torero clásico y artista… Nunca entendí por qué se acabó. Yo no era muy aficionado, pero empecé a ir a los toros por él. Para mí era el mejor.

Recuerdo que en aquella televisión de la peña habían puesto un plástico con tres bandas, azul, verde y marrón, con lo que pretendían que se pareciera a las de color que ya había en Alemania o Estados Unidos. Era una ilusión absolutamente imperfecta, pero seguíamos prefiriendo ese truco a la realidad de una pantalla en la que todo era claro y oscuro. Por esa misma pantalla, tan extraña entonces para nosotros —quién me iba a decir que trabajaría en ella casi veinte años más tarde—, pudimos seguir la guerra de Vietnam, la crisis de los misiles entre Washington y La Habana, las hambrunas de África y lo mal que se vivía «en el infierno comunista». En España estábamos de maravilla, éramos los reyes del mambo y esa era la verdad… «oficial».

La televisión tardó algunos años en llegar a mi casa; era una Werner color, pero se veía en blanco y negro. Era la tele donde daban la serie *Los invasores,* en la que los protagonistas eran unos extraterrestres que pretendían invadir y conquistar la tierra, y aquella otra de *Historias para no dormir,* de Narciso Ibáñez Serrador, que nuestros padres no nos dejaban ver. Por la rendija del cuarto me asomé a una de ellas, se llamaba «Los bulbos». No la vi completa ante el temor de que me pillaran y aun sin ver el final me dio tanto miedo que no pude dormir en toda la noche.

Hasta ese momento el único entretenimiento había sido la radio con aquellos programas de *Ustedes son formidables* o

Matilde, Perico y Periquín, que daban en la SER. Cuando aparecieron masivamente los transistores a pilas no eran pocos los que se acercaban a las tiendas de electrodomésticos para pedir un aparato.

—En el que cante Antonio Molina.

—Eso pasa en todos —decía el dependiente, que, además, tenía que explicar que los contenidos no salían de «su aparatito», sino que llegaban hasta él por ondas, pero que se fabricaban en una emisora.

—¿Y cuándo va Molina a la emisora?

—Alguna vez va en directo, pero, por lo general, se trata de placas, discos…

Y se llevaban el transistor, pero sin mucho convencimiento.

Es curioso el modo en que la televisión o las fotografías de aquellos tiempos determinan nuestros recuerdos. Por ejemplo, el color de las calles de mi ciudad que retengo en la memoria es en blanco y negro con los escasos matices que aporta una relativa gama de grises. Sí permanecen algunos colores; por ejemplo, los de las casullas y otros ornamentos sacerdotales, vírgenes y santos de un comercio especializado en artículos religiosos que estaba casi al lado del Gran Hotel, en la calle principal de la ciudad, cerca del Altozano, que entonces se llamaba plaza del Caudillo.

El Gran Hotel, un edificio con tintes neoclásicos que ocupa el mejor esquinazo de esa plaza, también se me representa desvaído en la memoria y sin apenas luz, aunque luego con el paso de los años se volvió resplandeciente. Aquel lugar fue escogido como puesto de mando para los jefes de las

Brigadas Internacionales durante la Guerra Civil. Era su cuartel general. Allí residió y ordenó con autoridad, excesiva a veces —según cuenta la historia—, André Marty, un comunista francés apodado el Carnicero de Albacete; hombre de gatillo fácil que no dudaba en apretarlo si era necesario para mantener la disciplina.

Las huellas de aquella guerra persisten en forma de heridas en la verja de hierro que rodea el hermoso edificio de la Diputación Provincial. En este caso, los daños se produjeron como consecuencia de un bombardeo nazi de la Legión Cóndor cuyo objetivo era precisamente acabar con los jefes de las Brigadas Internacionales y con los aviones del aeródromo de Los Llanos. La mayor parte de las bombas alemanas cayeron sobre las principales calles del centro, causando más de cien muertos. Ocurrió el 19 de febrero de 1937. Algunos de esos proyectiles cayeron muy cerca de la calle Zapateros, donde vivía mi padre con sus hermanos y mis abuelos. Los aviones Junkers alemanes hicieron una pasada tras otra durante seis horas, pero el ánimo destructor de los aliados de Franco no fue tan devastador aquí como en Gernika, la histórica ciudad vasca, destruida solo dos meses después, en abril. ¿O lo de Albacete sería un ensayo?

Veinticinco años después y tras una posguerra larguísima y llena de dificultades y de rencores el ambiente en mi niñez era, en muchos sentidos, como de oscuridad. Las bombillas daban menos luz que ahora en las calles y en las casas. Eran tiempos de mesa camilla y de hablar en voz baja.

Recuerdo ver a mi padre una noche sintonizando su radio Marconi y escuchando a Santiago Carrillo, el secretario general del PCE. Yo no sabía quién era, claro. Sería ya bien entrados los años sesenta. Mi padre nada tenía que ver con la izquierda; vamos, nada de nada, pero le gustaba saber, husmear acerca de «lo que pasaba por ahí». Era un hombre curioso y a la vez temeroso de que alguien adivinara esa curiosidad. Mucho más tarde, siendo ya periodista, conocí a Carrillo y, más tarde aún, pudimos tener algún encuentro con otros periodistas y alguna comida a solas. En uno de esos almuerzos le conté lo de la escucha radiofónica en mi casa y que a mí su voz, tan profunda y grave por los efectos del tabaco, me daba incluso miedo.

—¿Sabe, don Santiago? Yo observaba a mi padre desde el dintel de la puerta que llevaba al pasillo. Recorría el dial de su radio en medio de aquellos ruidos infames que hacía la onda corta. Y entonces le escuchábamos.

—Sería Radio París.

—Sí, creo que sí.

—¿Y recuerda usted —Carrillo siempre hablaba de usted— qué decía en esa emisión?

—Creo que era algo sobre una huelga. No recuerdo bien, solo que mi padre me decía: «Esto no lo estás oyendo. ¿Eh?».

—Sería Radio París, sí, o Radio España Independiente, la Pirenaica. ¿Cuántos años tenía usted?

—No creo que más de doce o trece. Lo que sí recuerdo es que aquello me daba un poco de miedo. Entre la petición de mi padre de que a mi madre «ni una palabra» y su voz, que sonaba a caverna…

Se reía y tosía mientras empalmaba un cigarrillo tras otro. Con él hablé de política, del PCE y de algún episodio de la guerra, donde el odio lo conforma absolutamente todo. Respondía a las preguntas; sí, pero intuyo, todavía hoy, que no le gustaba hablar, le irritaba hablar de aquel horror del que nadie puede salvar la cara. Una vez, en la intimidad que procura el almuerzo, le pregunté por la masacre de Paracuellos —todo el mundo le preguntaba por ello—, el fusilamiento masivo de más de dos mil quinientos derechistas a finales del 36, cuando las tropas franquistas parecían estar a punto de entrar en la capital.

Lo hice de un modo indirecto.

—Es difícil para un periodista no preguntarle por lo de Paracuellos. En algún sentido es como una obligación.

—Sí, es cierto, no hay periodista que no pregunte por ello. Creo haberlo explicado por activa y por pasiva, pero siempre está ahí. Siempre reaparece.

—¿Y…?

—Solo voy a decir una cosa. Yo no tuve la responsabilidad que la derecha me achaca. Ni conocimiento.

Le molestaba tremendamente hablar de aquello… y no seguí. ¿Para qué? Era como esas preguntas que si los periodistas no hacemos parece que estamos fuera del mundo, pero también de esas preguntas que al protagonista se las han hecho cientos de veces… No fallaba, periodista que se le acercaba, le preguntaba lo mismo y él ya respondía como quien está a punto del hartazgo o harto realmente. Conmigo, sin embargo, fue amable o condescendiente, mientras comíamos en ese lugar de Telecinco situado a la izquierda de la entrada y que por la noche se convertía en el espacio para los invitados de *Gran Hermano* o *Supervivientes*. El historiador

Paul Preston no señalaba a Carrillo como responsable único de aquella masacre como sí hacía la derecha, pero en algún momento dijo y escribió que le parecía raro que el dirigente comunista no estuviera al tanto siendo como era el encargado del orden público en Madrid. La polémica nunca ha sido cerrada.

5

CUANDO APRENDÍ QUE LA ELEGANCIA ES SEÑAL DE RESPETO

Mi padre hablaba poco de política; en aquellos tiempos mejor no hacerlo. Bueno, parece que en España hablar de política casi siempre produce momentos de alta tensión. La intolerancia no admite la libertad de pensamiento. Lo mejor era que nadie supiera nada de nadie. Un día, sin embargo, siendo muy pequeño, me llevó de la mano hasta el Parque de los Mártires —así se llamaba entonces— donde el franquismo local celebraba los veinticinco años de PAZ, escrita la palabra «paz» con mayúsculas enormes. Bueno, se conmemoraba en toda España.

No recuerdo nada de lo que se decía, pero sí que había discursos patrióticos, brazos en alto como si fuera un trigal levemente movido por la brisa, himnos y muchas banderas de España, de Falange y de los carlistas entre los altísimos árboles, fundamentalmente pinos y plátanos. Pasado el tiempo, nunca entendí lo que pintábamos allí si mi padre era tan poco dado a esas celebraciones. Imagino que fue simplemente para que lo vieran. Eran tiempos de disimulo, como tantas veces ha ocurrido y ocurre ante el peso y poder de los más intransigentes.

Del signo que fueran. Por eso una vez dijo algo que de pequeño me sonaba un poco fuerte:

—En una guerra nadie orina agua bendita.

Era otra de sus sentencias. Yo pensaba que la frase dicha así no le gustaría nada a mi madre, siempre tan cuidadosa con el lenguaje. Además, los malos para ella siempre eran los mismos, ¿no? Él decía que nuestra historia, maravillosa en muchos aspectos, daba un poco de angustia por esa propensión a repetir capítulos un tanto vergonzantes. A falta de participar en los grandes conflictos internacionales —salvo los producidos como consecuencia de las guerras coloniales— casi todo ha sido enfrentamiento civil. De cualquier manera y dejando aparte las razones de unos y otros, la guerra siempre era un asunto que me horrorizaba… Nunca ha dejado de horrorizarme el odio y todo lo que sigue al odio.

En aquellos días no éramos conscientes de la escasez de muchas cosas. Vivíamos porque había que vivir y en ese vivir reíamos, jugábamos en la calle e íbamos a las escuelas donde se fraguaba el «hombre nuevo de España»; de la mujer se decía poco, la verdad. Todo estaba programado, todos, ellas y nosotros, sabíamos cuál era nuestro papel y éramos felices y no solo en apariencia. La verdad es que los niños siempre éramos felices, con esa sonrisa y ese rostro que he visto también muchos años después en determinados países y en medio de catástrofes, porque los más pequeños siempre encuentran motivos para reír, son felices aun en la desolación. ¿Cómo no íbamos a serlo nosotros si vivíamos en paz? España mantenía su división entre quienes habían ganado la guerra y quienes la habían perdido, pero nadie, entre estos últimos, ponía nada en cuestión. Al menos en público. Las cosas estaban como estaban. A mi padre con dieciocho años le atizaron dos bofetadas por no haberse parado respetuosamente cuando sonaban los acordes del himno nacional cerca del parque. Eso le llevó al camino de la discreción y el silencio.

No sé si sería por sometimiento o por comodidad, pero los mayores admitían intromisiones en su vida privada que más tarde parecerían inadmisibles. Por ejemplo, la figura del vigilante nocturno, el sereno, que ahora entenderíamos como una especie de testigo insoportable de la vida de todos nosotros. Los había repartidos por toda la ciudad; en general, por toda España. Bastaba dar unas palmadas y el grito de ¡¡¡serenooo!!!, en el silencio de la noche, para que aquel hombre vestido con una especie de gabardina y gorra de plato gris y con un chuzo de madera cargado de llaves se acercara hasta la puerta de nuestra casa y la abriera. Nuestros padres y los padres de muchos otros entregaban a un extraño ese permiso de entrada a nuestra intimidad; un extraño que sabía todo de todos: a qué hora volvíamos, si habíamos hecho una salida nocturna, cuál era la hora de llegada de mi padre cuando se excedía en sus partidas de cartas en la peña. Lo sabía todo. Y lo que no sabía lo preguntaba, como si fuera un tentáculo del poder que todo lo ve, que todo lo sabe: un brazo alargado de aquel que nos miraba desde su fotografía situada inexorablemente sobre el encerado del aula del colegio, como si se tratara del Gran Hermano de Orwell.

Sí, porque Franco, el vencedor, estaba en todas partes acompañado del difunto presente o el presente ausente, como se llamaba a José Antonio Primo de Rivera, fundador de la Falange. Su imagen, aunque oscura —en aquella época de fotos en blanco y negro no se apreciaba el azul marino de su camisa—, se nos antojaba menos dura, más afable que la del dictador.

—Había muerto joven, con treinta y tres años, la edad de Cristo —nos decían, para que nunca olvidásemos ese paralelismo. Fue fusilado en una tapia de la cárcel de Alicante y su rostro siempre permaneció joven para todos en aquella España de días lentos y noches oscuras.

Un día de primavera hicimos un viaje de estudios para visitar esa prisión alicantina donde pereció el líder falangista. Recuerdo, pocos meses después, algunas conversaciones con un hombre mayor en un campamento de verano cerca del nacimiento del río Mundo. Se llamaba Bartolo, venía de un pueblo del sureste de la provincia, era un experto en actividades al aire libre y un fanático de José Antonio.

—Bartolo, tampoco creo que sea todo tan perfecto… Hay algunos falangistas con una mala leche de campeonato —decía un compañero.

—Tiene que haber gente para todo. Jesucristo, con ser Dios, tenía un discípulo que le negó y otro que lo vendió por treinta monedas.

Siempre la eterna comparación.

Bartolo lanzó una perorata política muy autoritaria según entendí un tiempo después. Él lo hacía con una sonrisa de franqueza y con un rostro bonachón como quien anunciaba una buena nueva.

—Yo creo en la Falange… Pero os digo una cosa, cualquier

ideología puede salvar y hacer crecer a un país si todos estuvieran de acuerdo.

—¿Y si no lo están?

—Se les pone.

Mi madre justificaba todo aquello… y sin demasiado disimulo. Lo vivía como muchas personas de nuestro vecindario —guardias civiles—, como algo absolutamente normal. A fin de cuentas, mi abuelo y mi tío estuvieron a punto de ser fusilados en la motonave SIL, donde encerraron a todos los guardias civiles, que en Albacete se habían sublevado contra la República el 18 de julio del 36. Aquellos dos hombres terminaron siendo liberados en Mahón y propuestos para ocupar posiciones de vanguardia en el ejército republicano, en el caso de mi tío, o en la retaguardia, como ocurrió con mi abuelo, que se dedicó a escribir atestados en castellano en el cuartel del Consell de Cent, en Barcelona. Ese fue el motivo del traslado de mi abuela y mi madre —siendo una jovencita de catorce años— a la capital catalana, donde me consta que vivió el tiempo más impresionante de su vida… Adoraba Cataluña.

—Mi mejor amiga se llamaba Nuria y su padre tenía un colmado muy cerca del Guinardó. Además, cantaba en el coro del Liceo —me decía.

—¿Estaba vuestra casa por allí? —le preguntaba yo.

—Sí. Era la casa de una familia que se había ido a Francia durante la guerra. Nosotros la cuidamos para que, a la vuelta, la encontraran en perfectas condiciones. Estaba en la calle de la Verge de Montserrat.

Decía y aprovechaba lo de la Verge, pronunciado así en

catalán, para hablarme o cantar alguna canción en esa lengua que yo aprendía sin darme cuenta. Como *El ball de la civada* o *Baixant de la Font del Gat*.

Sí, ella amaba Barcelona, el ambiente de aquella ciudad tan viva que conoció y en la que fue feliz a pesar de los bombardeos y los refugios. Sin embargo, tras la guerra y años después, ella formaba parte del mundo de la victoria. Estaba en sus labores y en sus misas. Era una beata de tomo y lomo y de una honradez rayana en la intolerancia, con decir que rompió con su mejor amiga porque le hizo una pequeña trampa al parchís… Un acentuado sentido de la justicia que inculcaba a sus hijos.

Mi padre también era justo, a veces con exceso.

—Quien rompe pellejo paga tambor —decía para que supiéramos responsabilizarnos de todas nuestras acciones.

Un día, mi madre me apuntó a los jueves eucarísticos, que fueron muy populares en aquellos tiempos. Teníamos que acudir muy temprano a la iglesia de los padres franciscanos, hacer una especie de procesión, comulgar y acto seguido a casa, al trabajo o en mi caso al colegio, adonde llegaba pletórico sintiendo que era el mejor de los niños porque tenía a Dios dentro de mí. Lo llegaba a creer, ciertamente.

En esto de las misas mi padre nos acompañaba solo en la de los domingos, pero se quedaba fuera; tenía dos razones muy poderosas: no era muy creyente, esto lo supe mucho después, y tampoco aguantaba tanto tiempo sin fumar. Eso sí, alguna vez me reconvino para que fuera bien vestido a la iglesia, con camisa blanca y corbata.

—¿Cómo irías si te recibiera Franco en El Pardo?

—Con camisa blanca y corbata… —repetía yo como una letanía aprendida y sin posibilidad de olvido.

—Pues eso, camisa blanca y corbata. Dios es más importante que Franco —decía.

Era lo que había y me ponían aquella corbatita de cuadros que se apretaba con una goma y un corchete. La mía era azul; la de mi hermano, roja. Yo creo que todo aquello, en el caso de mi padre, formaba parte de una cierta ficción cara afuera, pero lo del vestuario debió marcarse en mi cabeza y veinticinco años más tarde, cuando presentaba el telediario de TVE en tiempos de Felipe González, reivindicaba vestir camisa blanca porque «el público —decía yo un tanto en broma, pero con un fondo de respeto— era más importante que el rey, que el presidente y que Dios». Hay que pensar en quien te ve y te escucha.

Mi padre era un hombre raro, muy raro con respecto a la Iglesia y a las creencias religiosas… Una especie de creyente descreído camuflado para discurrir por la vida sin sobresaltos. Disimulos aparte, sí que apreciaba a quien le parecía fundamentalmente bueno. Ocurrió con la muerte de Juan XXIII en 1963. Aquel día se puso una corbata negra en señal de luto por respeto al pontífice fallecido y desde entonces nunca cambió el color de esa prenda. Era fiel a sus cosas y aquel papa era una especie de cuestión muy personal para él. A mí me parecía bien aquello, la verdad, pero poco a poco todo lo relacionado con la Iglesia empezó a parecerme un rollo y la abandoné, pese a una tremenda sensación de llevar el pecado a cuestas. Era el pago por el inevitable crecimiento que a mi padre no le pasaba desapercibido.

6

Cuando no hay conocimiento, no hay Bernabéu que valga

En un momento dado las cosas que nos rodean, los rostros de la gente que nos es familiar, los juegos a los que jugábamos y las calles por donde pasábamos empiezan a resultarnos menos gratos que antes. La noticia de una amiga que se ha quitado la vida —no te lo dicen, pero lo vas adivinando— o la del hermano mayor de un amigo al que obligan a casarse, con la cara demudada, porque a los diecisiete años ha dejado embarazada a una compañera de instituto son cosas que te alertan. Son como avisos de que estás haciéndote mayor y que más vale que lleves una vida ordenada, honesta, sin escándalo y, cómo no, sin pecado.

—Ya has visto lo que le ha ocurrido a Enrique… Toma nota —nos decían—. La vida destrozada por el error de un día…

Mi padre tenía unas intenciones laborales para mí que, según veo ahora, eran bien prácticas. Las expresó cuando estaba en cuarto de bachillerato. Para entonces se había cansado de verme trabajar en la tienda durante las vacaciones de verano subiendo cajas llenas de zapatillas y alpargatas al piso superior, donde se encontraban los almacenes. Allí, sentados ambos en dos banquetas, las clasificábamos por números, las etiquetábamos y las colocábamos en aquellas estanterías de pino plagadas de quemazones por sus cigarrillos a medio apagar... Muchas veces encendía uno de esos Ducados cuando otro humeaba todavía. A él le gustaba que le ayudara cuando llegaban las vacaciones; a mí no tanto, pero pasábamos mucho tiempo juntos y al final me pagaba algo porque consideraba que todo trabajo debía ser remunerado; él quería algo mejor para mí. La tienda estaba situada en la calle Zapateros y la parte superior había sido la casa de mis abuelos paternos. En la tienda trabajaban cuatro hermanos, había varias dependientas y aquello no daba para mantener sin apreturas a todos los hijos y sobrinos, que ya superábamos la decena...

—Mira... Creo que tienes que preparar una oposición para un banco. Ahí puedes tener un puesto asegurado, un buen sueldo y la posibilidad de ascender. Con las tardes libres puedes seguir estudiando.

—Es que...

—Puede que no lo entiendas ahora, pero creo que es un buen plan. Conozco a un preparador que puede darte clases. Me han contado que habrá unas oposiciones para botones del Banco Hispanoamericano.

—¿Botones?

Aquello no había surgido de improviso. Lo tenía todo pensado, hasta conocía un preparador en matemáticas, que era la parte más fuerte, la más difícil de la oposición. «Qué horror», pensaba. «Vestido de gris con una línea de botones desde el cuello a la cintura». No me apetecía nada. Bueno, nada de nada, pero preparé la oposición… Iba a clases dos días por semana. Hacía los ejercicios y los deberes en casa, pero las matemáticas me obsesionaban negativamente; tenía pesadillas con ellas… No me apetecía nada hacer ese examen, pero no me atreví a contradecirle.

Por fin convocaron la dichosa prueba. Mi padre había conseguido el apoyo de Santiago Bernabéu, el enchufe que se decía entonces. Sí, el mismísimo presidente del Real Madrid, oriundo de Almansa, que alguna vez, de visita a la capital de la provincia, pasaba por la tienda donde, además de alpargatas, se vendían mantas muleras, aperos de labranza, algún trillo, hoces, sombreros de paja o lonas. Era venta al por menor, y si a Bernabéu le faltaba algo, iba a ese comercio o lo encargaba telefónicamente. No eran amigos, pero se conocían y había hasta cierta familiaridad en el trato, sobre todo de Bernabéu hacia mi padre, que, además, era supermadridista. Más tarde, muchos años después, pensé que una petición así, una recomendación para un puesto de trabajo solo podía deberse a la desesperación que tantas veces anidaba en su cabeza en forma de negros augurios que los demás éramos incapaces de entrever y comprender.

La oposición tuvo lugar en Madrid. Era domingo y el día anterior fuimos al estadio de Chamartín a ver al Real Madrid contra el Atlético. Jugaban Gento y Collar. El partido terminó en empate a uno. Un partidazo. Nos reímos mucho. Habíamos pasado un día fantástico los dos solos. Por la mañana habíamos estado en el aeropuerto de Barajas, donde descubrimos que las puertas se abrían solas al pisar una especie de manta de goma que había delante de ellas. Mi padre pisaba y volvía a pisar ante la atenta mirada de los viajeros y del conductor del autobús que nos iba a llevar de vuelta y que amagaba con irse sin nosotros. Hicimos el cateto en varias versiones… Menos mal que esta vez él no iba con boina, sino con el sombrero de los domingos que le daba un porte especial. Ahora que yo también llevo sombrero, por aquello del sol y el frío, unido a la creciente escasez capilar, veo lo mucho que nos parecemos. Cada vez más. Luego comimos cerca de la Puerta del Sol, en el bar más grande de España.

—Se entra por Cádiz y se sale por Barcelona —eran los nombres de esas calles, decía mi padre, que trataba de impresionarme con su conocimiento de la capital de España.

Y allí, en la reventa, un hombre al que apodaban el Maño le vendió las dos entradas para el partido que se jugaba por la tarde. Mi padre quería que aquel fuera una especie de fin de semana de fiesta entre colegas… Le ilusionaba viajar conmigo y achicar espacios ante ese sueño suyo de que un día yo trabajara en un banco… Todo marchaba según pretendía; según pretendía él.

El examen se celebró el domingo por la mañana en una gran sala del edificio del Banco Hispanoamericano en la calle de Alcalá, justo frente al actual Círculo de Bellas Artes. Subí desganado a un espacio que me pareció poco menos que el salón de un palacio. Éramos solo dos aspirantes, Isidro, que había sido compañero de colegio, y yo. Él tenía ganas de hacerse con el puesto; lo vivía de otra manera. Su padre era ordenanza del banco y ser trabajador de la misma entidad era una especie de horizonte natural para él o eso parecía. Nos sentaron en dos mesas muy separadas y nos dieron las preguntas escritas en un par de folios. En mis respuestas a los ejercicios de matemáticas estuve fatal, lo esperaba. Del resto de materias de cultura general contesté medianamente bien, aunque recuerdo que en mi deseo de no ganar la plaza respondí a veces, no creo que intencionadamente, pero sí con poco deseo de acertar. La ilusión de mi padre y el apoyo de tan importante señor me reconcomían por dentro… Estuve preocupado por si aprobaba y por si suspendía, pero en esto no había término medio. Sería una cosa o la otra.

Terminó aquel viaje y volvimos a casa… Pasados unos días y antes de que llegara cualquier comunicación del banco, lo que abrió mi padre fue un sobre de la presidencia del Real Madrid. Nunca olvidaré el membrete: «Santiago Bernabéu de Yeste». Sí, Yeste, ese era su segundo apellido. Nunca olvidé su nombre completo ni el contenido de su tarjetón.

Como si se tratara de una ceremonia mística y sin mirarme a la cara, mi padre me extendió lentamente aquel trozo de papel ya leído por él y donde había una sola frase: «Lo siento, Perico, tu hijo no ha dado ni una».

No hubo conversación. Me fui a mi cuarto, pero no lloré. Tuve un cierto sentimiento de culpa y de dolor por lo que pudiera sufrir mi padre con aquel revés o por haberlo dejado mal ante aquel hombre tan destacado. Sí, porque él era una persona sufriente, melancólica, lo que ahora se llamaría PAS, persona altamente sensible. Eso era lo peor, pero yo me había quitado un buen peso de encima. La plaza fue para quien la quería, para quien la necesitaba. Yo podía esperar, quería esperar otras cosas y en mi horizonte no estaba el banco.

A veces, incluso recientemente, cuando vuelvo con ocasión de la feria de septiembre, me encuentro a Isidro. No siempre, pero a veces ocurre. Si va con amigos me hace responder a la misma pregunta…

—¿A que yo te gané la oposición al banco?

—Hiciste mejor examen, es verdad.

—Veis lo que os decía. Feliz feria.

—Feliz feria. Buenas noches.

Nunca más volvimos a hablar en casa de Bernabéu, que, por cierto, podía haber escrito aquello con algo más de sensibilidad, por lo menos en atención a mi padre.

Era un asunto sobre el que se hizo el silencio más absoluto. Alguna vez pensé que debíamos haberlo abordado. Incluso cuando ya tenía otra carrera, la de periodismo, en la que empezaba a situarme, me preguntaba si debía haberle contado que nunca tuve demasiado interés en la oposición para botones del banco y que no me esmeré en absoluto, ni en la preparación ni en el examen. Creo que durante algún tiempo preferí que pensara que era medio tonto a que pudiera tener la sensación de una traición para quien solo quería lo mejor para mí. El caso es que olvidó aquel episodio. ¿Para qué sacarlo a colación? Con mi actitud hacia ese examen de botones había dicho un no enorme, había dado un portazo al mundo de la banca, aunque con algún temor a haberme equivocado. No merecía la pena volver a ello. Creo que es una de las pocas veces que he dicho no y, además, sin que se notara. Está claro. Sin una buena preparación y sin una buena actitud, para esto y para todo en la vida, no hay Santiago Bernabéu que valga.

Por lo demás y como consecuencia de algunos problemas de salud de mi padre, me había convertido temporalmente en el hombre de la casa, era el cómplice de mi madre; conocía dónde guardaba el dinero o dónde estaban los papeles más importantes, y algo fundamental, dónde escondía la leche condensada cuyos botes se vaciaban si mi hermano daba con ellos... Lo había hecho en algunas ocasiones. Le recuerdo una tarde detrás de la puerta de la cocina sentado en el suelo disfrutando de la placentera succión de esa pasta dulcísima y sin reparar en que yo estaba allí como un espía y un chivato a la vez. Era una auténtica adicción lo suyo. Mi madre ya no sabía dónde ponerlos, y cuando encontraba un nuevo lugar para esconderlos, me confiaba el secreto porque a ella se le olvidaba con facilidad. Tenía demasiadas cosas en la cabeza.

—Acuérdate, está detrás de la harina.

—Vale, pero no lo cambies a otro sitio —decía yo mientras miraba a esos tarros de cerámica ordenados en la última estantería de la alacena, en los que también se guardaban los garbanzos y otras legumbres.

—Aquí lo pongo y aquí se queda.

Imaginaba maliciosamente a mi hermano volviéndose loco buscando su leche condensada... Ya podía dar vueltas por la cocina, estaba claro que a ese estante no podía llegar. Un día vino a preguntarme...

—Sabes dónde guarda mamá la leche condensada.

—Ni idea —le dije.

Desde luego era un fantástico escondite y aquellos botes de La Lechera empezaron a durar y durar.

Un día, inopinadamente y como si estuviera en un periodo de búsqueda de mí mismo, cansado de no sabía exactamente qué, recalé en la casa de los protestantes. No sabía ni lo que quería ni lo que buscaba en aquellos momentos, estaba muy despistado y empecé a frecuentar el salón de la Iglesia Evangélica Bautista, que tenía un par de templos en los bajos de dos edificios cerca de mi casa. Lo hice sin temor a ser condenado para la eternidad en las calderas del infierno. Los pocos protestantes que conocía entonces me parecían buenas personas y no tenían una extraña apariencia. No fui allí inicialmente por una cuestión religiosa ni porque el mundo y mi cabeza se hubieran dado la vuelta —aunque viviera en esa desazón de la adolescencia—, sino para cantar en el grupo que amenizaba los cultos y que dirigía mi amigo José Ángel López Salcedo, que tenía un enorme parecido con John Lennon, algo que a él le gustaba acentuar con unas gafas redondas y doradas.

En esto de la espectacularidad y la puesta en escena musical, los protestantes llevaban mucha ventaja al tradicionalismo coral de los católicos, compuesto generalmente por voces de señoras mayores un tanto beatíficas y agudas como de opereta, o eso recuerdo. Fue un buen tiempo; corto pero bueno. Aprendí algo de la Biblia, que en los franciscanos no era lectura recomendada, y el ambiente me pareció más natural que en las misas de la entonces llamada «religión verdadera», con un pastor, don Hermógenes, que acompañado de su familia recibía y despedía a los fieles en la mismísima puerta del templo. También me parecía menos agobiante una sala sencilla adornada con un simple crucifijo sin santos ni cristos sangrantes, pero un día terminé abandonando también este escenario sin llegar a saber si aquello era un grupo religioso liberal o ultraconservador.

Sí, abandoné todas las iglesias. Adiós a los rezos como antes había dicho adiós a los himnos, a los campamentos y a las excursiones por el campo para empezar a tomar posiciones en algo parecido a la distancia, como hacían algunos de mis amigos. Todavía no era una distancia crítica, pero ya tenía quince o dieciséis años y había escuchado historias de maltrato policial a izquierdistas, que no eran muchos, pero sí bien controlados, como los propietarios de una papelería que de vez en cuando eran llamados al cuartelillo para ver qué sabían de esto o de lo otro y donde, a veces, eran objeto de algún tipo de maltrato.

—Cosas de rojos —decían los mayores casi tapándose la boca para que no escucháramos.

Sin embargo, en aquel momento no sentía odio ni visceral ni razonado hacia el pasado ni hacia sus protagonistas. Además, si hubiera aparecido un pensamiento así, lo habría conjurado con la idea de que las cosas fueron simplemente como fueron porque no podían ser de otra forma. Eso nos enseñaban y eso llegábamos a pensar.

7

Cuando hacerse mayor era un placer

La adolescencia en aquellos años era un periodo de la vida complicado. Bueno, siempre lo es. Complicado y aburrido, salvo por aquellos guateques dominicales en los que se producían los primeros contactos con las chicas, que me parecían mágicas. Unos años más tarde se lo preguntaba Jean-Pierre Léaud a Jacqueline Bisset en *La noche americana,* de Truffaut. Sí, Léaud, en aquel papel de joven desorientado, suponía que eran mágicas.

Bueno, las chicas eran mágicas siempre y la música también, fundamentalmente la del Dúo Dinámico, Los Brincos, Los Sírex o Los Mustang, que nos acercaban al mundo del *twist* y el *rock* con letras de la más absoluta inocencia. También Los Bravos, con aquella canción en la que animaban a los chicos a estar con las chicas para todos juntos poder cantar. O tal vez, cuando cantaban eso de «todos juntos deben cantaaaar», estaban pensando en otra cosa… No sé.

No me digan que no eran inocentes los versos de Los Bravos. Comparen si no con los del reguetón que llegaría decenios más tarde… o con aquello que nuestros jóvenes pueden ver en esta era digital del sexo, cuando en nuestra juventud solo podíamos acceder a la imagen curvilínea de una mujer gracias a los anuncios de las fajas y sujetadores de la marca Soras.

Pero a lo que iba, un día pude ver desde el templete de los Jardinillos, durante la feria, el paso de Mike Kennedy, el cantante alemán de Los Bravos vestido con un traje blanco y con él al resto de la banda. Actuaban al aire libre en el escenario de la Caseta y en su camino eran seguidos por un montón de jovencitas que gritaban los nombres de todos ellos. Me parecieron una panda de chicas raras. Por primera vez en mi vida pude ver qué era eso de las *fans* y no entendía muy bien por qué eran tan exageradas, por qué lloraban y por qué daban esos alaridos.

Se trataba de adolescentes normales de mi ciudad, hoy tendrán entre setenta y setenta y cinco años, que en ese momento parecían estar al borde de un ataque de nervios almodovariano. Hasta ese día solo había visto a las *fans* británicas de los Beatles que aparecían como enloquecidas por televisión y que seguramente eran objeto de los comentarios despectivos de cualquier locutor. La verdad es que cuando salían esas imágenes, solía haber referencias a la «absurda locura colectiva» que despertaban los de Liverpool. Pero lo que estaba viendo era real, gritos y carreras detrás de uno de los grupos musicales más importantes de España: Los Bravos, los cantantes del *Black is Black*. ¿Y si yo era también un fan, aunque menos escandaloso? A fin de cuentas, me había situado en ese lugar por donde con toda seguridad tendría que verlos pasar. No solo eso, me sabía algunas de sus letras, particularmente las que eran en español como *La moto*, y había visto sus películas, como *Los chicos con las chicas, Dame un poco de amooor...* y algunas más. Realmente, creo que no sentía algo muy diferente a ellas y a otros jóvenes que vivían con cierta intensidad unos tiempos en los que ya se avecinaban cambios...

La expansión del turismo en la costa española y la música de todos aquellos grupos, que también cantaban en inglés, hicieron mucho por modernizar la mentalidad de quienes habíamos nacido en los años cincuenta.

Pero pasada la feria y con los primeros fríos otoñales, todo volvía a la normalidad de paseos calle arriba calle abajo; la misma rutina que tan bien filmó Juan Antonio Bardem en su *Calle Mayor,* película en la que muchos de mi ciudad podrían verse retratados perfectamente. Nosotros éramos bastante más jóvenes que sus protagonistas, pero el ambiente tan oscuro como consecuencia de la presión política y de la Iglesia que aparece en la cinta era muy parecido a aquel en el que nos desenvolvíamos. Todo era absolutamente provinciano y triste, aunque en las grandes capitales sería distinto, según imaginaba.

Íbamos al cine. El dinero de los domingos daba para un programa doble en aquellas salas en las que los acomodadores hacían pasadas con ambientadores que parecían oler a insecticida. ¿No sería una mezcla de ambas cosas? En ocasiones hasta nos colábamos en las películas de mayores de dieciocho. Por ejemplo, recuerdo ver una de esas con solo catorce años, la verdad es que ya era bastante alto para la media. Se titulaba *Novios 68* y salían Teresa Gimpera y Sonia

Bruno, que me parecieron las actrices más guapas de España; la Bruno especialmente; era como francesa o algo así, me decía a mí mismo. Sí, soñaba con ella y me fastidió sobremanera que más tarde se casara con Pirri, jugador del Real Madrid. Dejó de hacer películas. La verdad es que era una mujer muy atractiva, «subyugante», que decían los más mayores sin que yo supiera lo que quería decir aquel palabro hasta que lo busqué en el diccionario. Era más que atractiva, la Bruno era realmente subyugante.

Fuera de esas cosas, el único aliciente de nuestros paseos arriba y abajo por la calle Ancha era el momento en que ya caída la noche salía *El Penalti.*

—¡Ha salido *Penalti!* —gritaba el vendedor en la esquina de Mayor con la calle Ancha.

Eran unos folios impresos en los que aparecían los resultados de la jornada futbolística y que los albaceteños se afanaban en comprar, sobre todo si quien lo vendía anunciaba victorias del Real Madrid o del Albacete Balompié, que por aquel entonces debía militar en la tercera división. Con *El Penalti* se acababa la noche, se acababa el paseo y vuelta a casa, a sentarnos junto al brasero a escuchar la radio o ver la tele; sobre todo esto último. El tiempo era muy corto... Los mayores trabajaban hasta el sábado porque el domingo era fiesta de guardar, menos para la hostelería. Entonces hasta los periódicos descansaban un día; de las noticias se encargaba la llamada *Hoja del Lunes,* que se convertía en una publicación muy leída en todo el país.

De pronto, las chicas querían ser rubias y empezaron a aclararse el pelo con algo que se llamaba Camomila Intea. Sobre todo, las niñas del centro de la ciudad. Los días de diario vestían sus uniformes del colegio de monjas: azul marino con camisa azul clara las de María Inmaculada, negro y camisa blanca las de Dominicas… Recuerdo que en el primero de esos colegios había una puerta principal para las de pago y una muy pequeñita en su lateral por donde entraban las gratuitas. La diferencia de clases debía notarse o saberse desde la infancia. Cuando llegaba el domingo, aquellas niñas bien cambiaban de uniforme y vestían camisa y rebeca, falda tableada y unos zapatos que estuvieron de moda algunos años —las modas duraban más que ahora— y que eran conocidos como castellanos. Todas querían parecer princesas y en el paseo de los días de fiesta lo conseguían. Las de nuestro barrio no del todo.

Entre los chicos no había tanta preocupación por la vestimenta, aunque cuando se pusieron de moda los pantalones príncipe de Gales de cuadros enormes di mucho la lata para que mi madre me comprara unos como los de mi amigo Kisco Pineda. Faltaban algunos años para que el franquismo tocara a su fin, pero enseguida los incipientes pantalones vaqueros y el pelo largo se fueron convirtiendo en una señal más o menos inequívoca de que por lo menos empezábamos a pensar de otra manera, alejándonos de las ideas más tradicionales.

—Un día vas a tener problemas por llevar melena —me decía mi padre, que siempre prefería que no destacara demasiado en una ciudad tan pequeña.

Pero no le hice caso.

8

Cuando aprendí
que las apariencias engañan

En ese tiempo ya empezaba a pensar en lo de trabajar como periodista y contar las cosas que pasaban. También era un «diletante» de la música. Con un palo y una cuerda a modo de guitarra, me metía en una habitación semivacía de nuestra casa, en la que el eco me permitía creer que tenía una gran voz de barítono.

No fue difícil que mi madre entendiera el mensaje después de escuchar sin fin *El mendigo* o *El abuelo Vítor,* de Víctor Manuel, o cualquiera de las de Serrat, sobre todo desde que fuera proscrito por querer cantar en catalán el *La la la,* que representaba a España en Eurovisión. Era un valiente, pensaba yo, otros decían que era un rojo tocapelotas y empecé a profesarle un profundo afecto en la lejanía. Por aquel tiempo yo sabía algunas frases en catalán, me las había enseñado precisamente mi madre, como decía antes, de manera que las letras de Serrat y de otros cantautores de la *nova cançó* no me resultaban del todo ajenas... Aprendí *Ara que tinc vint anys* entre otras muchas, con lo que incrementé mi vocabulario iniciando una extraña incursión por la lengua de Josep Pla, que resultaba exótico, muy exótico entre mis amigos de Albacete. Para algunos aquello era de una pedantería insoportable.

Mi madre, como digo, entendió que tenía que hacer algo después de una larga suma de interpretaciones *a capella* y me compró una guitarra cuando aprobé la reválida de cuarto de bachillerato con la que ya pude acompañarme con unos cuantos acordes, los que iba aprendiendo de otros amigos más avezados en la materia. Participé en diferentes grupos musicales, no era mal cantante y hasta interpreté algunas composiciones propias; horrendas, según entiendo ahora. El caso es que mi pasión por hacer música de autor estaba languideciendo como consecuencia de mi poco recorrido como compositor —aunque seguí cantando algunos años más— hasta que el cambio de agujas de mi vida se puso a funcionar y entré por el carril más conveniente en la vía del periodismo.

Empecé a sentir la necesidad de salir de aquel entorno, empecé a querer ser como Jesús Hermida, corresponsal, o reportero como los que escribían en el diario *Pueblo;* o como aquel Tico Medina, periodista sabio y de relumbrón que trabajaba en muchos sitios, también para *ABC* y Televisión Española, que había entrevistado a los grandes personajes del mundo y que un día apareció por mi ciudad para dirigir *La Voz de Albacete.* Nunca entendí aquello; muchos años más tarde él mismo me contó que lo hizo por amistad con el editor de aquel diario, pero que la aventura manchega no podía retenerle en esa capital de provincias más de unos cuantos meses.

No viví cambios especiales. Al menos en esos momentos. Estudiaba poco, leía algo y pasaba mucho tiempo en la calle con los amigos. Estaba en un momento de simpleza e inadaptación preocupante. Creo que era algo general en mi entorno; se aprobaba con la nota justa, bordeando el cinco por arriba, lo que nos permitía seguir adelante sin mayores sobresaltos; también sin muchas expectativas. A partir de quinto curso de bachillerato, con quince o dieciséis años, empecé a sentirme algo más responsable y en aquel instituto apareció alguien un tanto especial. Le conocíamos como Romano García, un seudónimo que había tomado del filósofo Romano Guardini —al que él admiraba sobremanera— y con el que firmaba en una reconocida revista de filosofía llamada *Índice,* situada en un pequeño margen izquierdo de la vida en esos tiempos de fatigosa y vigilante dictadura.

Dictadura. Nunca antes había empleado esa palabra para definir el mandato de Franco y creo que ese cambio tuvo que ver con el nuevo profesor.

Realmente Romano García se llamaba Martín García Martínez, y había recalado en la ciudad desde la Universidad de Managua, en la que daba clases de filosofía. La situación política del país centroamericano —en plena efervescencia del movimiento sandinista con la consiguiente represión del régimen de Tacho Somoza— y el terremoto sufrido por su capital hicieron que llegara hasta nosotros, aunque solo fuera por unos meses hasta que encontró una plaza acorde con su preparación como catedrático universitario. Los beneficiarios fundamentales de sus clases fuimos Pepe Peinado y yo, que nos convertimos en sus alumnos predilectos. A veces íbamos a su casa, en la avenida de Rodríguez Acosta, y allí hablábamos —bueno, nos hablaba mientras le observábamos con los ojos abiertos de par en par— de filosofía y de fundamentos de la democracia mientras su mujer improvisaba una merienda. Si yo hubiera tenido más conocimiento de las cosas de la política, habría adivinado que en el alma de aquel excura murciano de Lorquí se escondía un librepensador tirando a la izquierda. Entre lo nuevo que me arrastraba, aunque fuera incipientemente, y lo viejo, que no odiaba, tenía un tremendo lío. Supongo que ese debate mental me ha perseguido desde entonces y me ha llevado a buscar consensos y equilibrios, o por lo menos intentar ver la realidad alejada, lo más posible, de cualquier prejuicio o radicalidad.

En filosofía, Romano García era muy de Platón, al que había dedicado gran parte de su magisterio. Estaba empeñado en que descubriéramos la vida mediante el estudio, la observación y el pensamiento. Daba claves, pero, según creo, no intentaba conducirnos salvo en esto:

—No os dejéis llevar por las apariencias. Nada es como parece ser.

Era su máxima platónica con la que pretendía que llegáramos al fondo de las cosas, a la realidad sin más influencia que la de la razón. Algunas veces pienso en él y en qué sería de Romano García en este mundo de esos *haters* e *influencers* que desde las redes y determinados medios de comunicación nos abocan al odio y la desmesura, cuando no a la más ingenua y beligerante estupidez. Romano era, claramente, un hombre de otro tiempo; un humanista que se fue sin conocer los vericuetos por los que ahora circulan las ideas; nada menos que por X y TikTok. ¿Ideas? ¿Qué ideas? Se habría echado a temblar o se habría dado más prisa por marcharse.

No solo excitaba la curiosidad de sus alumnos ante un mundo impensable entonces, sino que, además, Romano García nos abría el oído al introducirnos en la música clásica...

Su autor musical favorito era Johannes Brahms, lo que explica que también fuera mi compositor preferido en aquellos primeros años de acercamiento al mundo sinfónico. Sí, para mí Brahms era el mejor —claro que conocía muy pocos autores más, aparte de Mozart, Beethoven, Vivaldi y algún otro—, por eso sentí una especial emoción cuando vi la película *Intermezzo,* con Ingrid Bergman y Leslie Howard. La historia de amor entre un violinista y la profesora de piano de su hija... Es en un concierto sinfónico, con la tercera del compositor alemán como telón de fondo, cuando él le preguntaba a ella si le gustaba Brahms y solo con la pregunta y la mirada descubren que son ya inseparables. El conocimiento de la sinfonía, que había escuchado decenas de veces, y el propio argumento me hacían sentir casi como en un estado de levitación entre el resto del público de aquel cine de provincias. Era la consecuencia del trabajo y vocación de un profesor positivamente influyente, más allá de nuestras clases de filosofía en el aula. Nos duró muy poco Romano García en aquel instituto de enseñanza media.

Más adelante, ya en la universidad, los aprendices de melómanos del colegio mayor nos disputábamos las entradas de una llamada Asociación de Amigos de la Música para asistir a los conciertos dominicales —entonces en el Teatro Real de Madrid— con los que viví momentos mágicos, aunque fuera desde la lejanía del gallinero o tras una columna. La afición inculcada por Romano parecía estar dando algún fruto.

Dejé a Brahms, fui cumpliendo años y busqué otros autores «favoritos». Empecé a profesar mi admiración más profunda por la música rompedora de Maurice Ravel y después, mucho más tarde, por Dmitri Shostakóvich…, que me parecieron de los más avanzados con respecto a una cierta ruptura de los cánones clásicos de la composición… A Arnold Schönberg, padre de la dodecafonía, nunca pude entenderlo demasiado y abandoné cualquier acercamiento a su música. Aun así, escuchar su obra *Un superviviente en Varsovia,* después de visitar el campo de exterminio de Mauthausen, cerca de Linz, la ciudad austríaca en la que creció Hitler, es de las experiencias más sobrecogedoras que he tenido. Son solo siete minutos de dolor y de emociones sobre el Holocausto.

Me encontré con Romano García, el viejo profesor de Filosofía, muchos años después, en Coria, Cáceres, en unos premios literarios y periodísticos de los que ambos éramos miembros del jurado —por entonces yo empezaba a ser algo conocido en el ámbito de la televisión y él era responsable de una institución cultural llamada El Brocense—, y allí le conté lo importante que habían sido para mí aquellos pocos meses de clases en el instituto y el modo y manera en que me influyó para estudiar más y para empezar a amar la música. Noté cómo se le humedecían los ojos. Mereció la pena el encuentro. Había sido más decisivo para mí de lo que ambos podíamos imaginar y tenía que contárselo a él y ahora a todos ustedes.

Hubo otros grandes profesores en el bachillerato…, pero creo que, con Romano García, durante ese tiempo fui consciente de la importancia de encontrar al buen maestro… Aun siendo el de mayor recuerdo, no fue el único. Tuve algunos que eran grandes enseñantes. Particularmente en la Academia CEDES, donde estudié COU. Me sentí muy querido en aquella casa por la profesora de Lengua, Elvira Felipe; también por la de Historia, Pilar Tercero, a quien procuraba impresionar con mis apuntes tomados en la biblioteca de la Casa de la Cultura, o Juan Bravo Castillo, profesor de inglés, que luego fue reconocido traductor de la obra de Stendhal y de *Madame Bovary,* de Flaubert… Porque su otra lengua no era tanto la que nos enseñaba como el francés, que sentía y amaba.

Entre Romano García y estos otros profesores tuve una sensación, la de que alumnos y maestros nos buscamos y nos encontramos en algún momento de nuestra pequeña historia vital. Esa es la importancia de la educación, de la verdadera enseñanza. Para mí fueron determinantes y están en la parte positiva de mi recuerdo. Tenía que haber sacado más partido de ellos. Mi padre, que también era sabio, me repetía de forma incesante, como si tuviera unos prismáticos apuntando al futuro:

—Los idiomas, hijo, los idiomas. —Pero no le hice entonces demasiado caso y bien que me pesó el resto de mi vida.

9

CUANDO LA PRUDENCIA
TE PERMITE LLEGAR A LA META

Es curioso, pero mi padre no puso ningún inconveniente a mis intenciones de matricularme en la Facultad de Ciencias de la Información. Sería el primer universitario de mi familia paterna; luego vinieron otros como Abel, el hijo de mi tío Marino, que se hizo biólogo en Murcia. En la familia de mi madre estaba mi primo José Antonio, que debía ser muy inteligente porque fue jesuita e ingeniero naval por la Universidad vasca de Deusto. Un día dejó la Compañía de Jesús por el amor a una mujer con la que tuvo tres hijas.

Decía que mi padre nunca puso impedimento a nada de lo que yo quisiera hacer en cualquier orden de la vida, pero alguna pregunta hizo.

—¿Ciencias? ¿Un periodista?…

Yo tampoco entendía demasiado eso del carácter científico del oficio de escribir, de contar las cosas que pasan, pero me matriculé. A fin de cuentas, se me había metido en la cabeza lo de ser periodista. No quise ser botones, por muy destacado bancario que se pudiera llegar a ser —nunca creí en esa posibilidad—, y aquel rechazo al banco había sido tan definitivo como este «sí» al periodismo... En cierto modo pude estudiar gracias a mi hermano —también llamado José Antonio, aunque le decíamos Toñín—, que, al querer trabajar cuanto antes, permitió que mis padres pudieran afrontar, aun con dificultades, los pagos del primer curso. Él quería ganar dinero y comprarse un coche. Nada más cumplir los dieciocho se sacó el carnet y se hizo con un Citroën dos caballos de color azul para llevar a su novia Paqui.

En aquel año de 1973 el curso comenzaba en enero del siguiente, 1974, por decisión de un ministro de Educación llamado Julio Rodríguez. Intentaba aquel hombre que el calendario escolar se ajustara al año natural; es decir, que empezara en enero y terminara en diciembre... Parecía que el régimen empezaba a dar muestras de una cierta agonía y se lanzaba, supuestamente, a propuestas sin sentido para que pensáramos que algo podía estar cambiando. Aquello no era modernidad, sino dislate, pero ese curso experimental me vino de maravilla para poder iniciarme en el trabajo periodístico antes de empezar clase alguna en la facultad.

Entré en la delegación que el diario *Pueblo* había abierto en nuestra ciudad para sustituir temporalmente a una redactora, Ana Barceló, adalid ya entonces de la causa feminista; una grandísima redactora a la que era difícil emular... Allí conocí el atentado de ETA que acabó con la vida del presidente del Gobierno, Carrero Blanco, el delfín del franquismo. Todo se paralizó, nadie sabía qué hacer a unos pocos días de la Navidad y el temor se sentía por todas partes. El silencio en la calle era prácticamente total... Unos pensaban que el régimen estaba ya sentenciado, pero nadie salió a la calle ni para celebrarlo ni para dolerse. Las preocupaciones y las esperanzas sobre la descomposición y desaparición de aquel régimen se vivían en privado. El miedo, en uno u otro sentido, estaba fuertemente instalado; estaba en marcha la agonía de una dictadura, pero el desenlace solo llegaría bastante después con el fallecimiento del dictador.

En aquel periódico pude conocer a personas como Eduardo Cantos y León Cuenca, que me dieron grandes lecciones prácticas… Además, don León hizo que la compañía telefónica instalara un teléfono en mi casa, cuestión harto difícil en aquellos tiempos…

—¿Cómo se puede ser periodista y no tener teléfono? —decía él y en cuestión de dos o tres días sonó la primera llamada.

—Diga…

—Soy León Cuenca. Como puedes ver ya tienes teléfono, ahora puedes empezar a ser periodista.

Eso sí que era «el poder de la prensa». En aquella delegación de *Pueblo* tuve la oportunidad de conversar, aunque brevemente, con el director del periódico en Madrid, Emilio Romero, uno de los periodistas más destacados del franquismo que se presentó en Albacete con la camisa azul de Falange —prenda que solían vestir muchos procuradores en Cortes y él lo era— para inaugurar la nueva sede en un edificio de moderna construcción en el mismísimo Altozano. Con aquella camisa del director estaba claro que allí no había disimulos y que en cuestión informativa había lo que había. No estaban las cosas para equilibrios… Bueno, lo del equilibrio siempre ha tenido sus problemas, porque nunca ha dejado de haber partidarios de proteger «el desequilibrio informativo» y yo he conocido algunos en el franquismo, después del franquismo y hace no mucho tiempo.

Decían que Romero era uno de los hombres que más influían en el dictador; también que era una especie de consentido del régimen porque, en determinados casos, también mostraba un cierto espíritu crítico. Un día, sin embargo, encontré unos versos de Jaime Campmany de *ABC* contra él en los que le definía como pelotillero y cambiante. No debían ser muy amigos. Más adelante, algunas fuentes otorgaban a Romero cierto conocimiento y cercanía a los protagonistas del golpe del 23 de febrero de 1981, aunque nunca fue procesado por ello.

En aquella pequeña delegación del diario, en la que procuraba absorber todas las enseñanzas que se me presentaran, tuve la oportunidad de que Romero me diera una lección que siempre tuve presente.

—Este es el más joven de la redacción, dieciocho años…

Quien me presentaba era José Tarragó, delegado de Información y Turismo. Un buen hombre que más tarde autorizaba o censuraba —según las circunstancias— mis composiciones cuando alternaba los estudios de Periodismo con la canción protesta, campo este último en el que —junto a un periodo de cantante folk— tuve un pasado, un presente y un futuro siempre inciertos.

—Y quieres ser periodista.

—Sí, empiezo la carrera en enero…

—Ya, el calendario juliano. Ya veremos cómo sale eso. Mira, quiero que escuches atentamente lo que te voy a decir…

—Sí, claro.

—El periodista es como quien conduce un Ferrari. Es un coche potente, con el que se pueden ganar todos los premios posibles; pero el piloto también sabe que hay un freno y que a veces hay que pisarlo para no salirse en una curva. La prudencia a veces es fundamental para llegar a la meta.

Y nunca lo dejé en el olvido. Como tampoco olvidé las lecciones de Cantos y Cuenca sobre la importancia de tener amarrados los datos o el modo de jugar con el cómo para con los mismos hechos hacer que nuestro relato sea diferente al de los demás… Lecciones, en fin, que siempre tuve presentes y que en cuanto puedo, como en este libro, las comparto.

Aquellas tres o cuatro páginas sobre mi provincia en el prestigioso diario nacional se editaban de un modo casi artesanal. No había mesa de redacción, sino que el director repartía los temas por teléfono. El fotógrafo, José Luis, tenía un estudio en el que retrataba novios y familias numerosas, también vendía cámaras, objetivos y marcos. Estaba tan ocupado el hombre que difícilmente podía acompañarme en mis coberturas, así que me enseñó cómo funcionaba una de sus máquinas y con unas palmaditas en la espalda me despedía…

—Hale, nene, suerte —me decía.

Lo recuerdo como si fuera ahora mismo —hale, nene, suerte— y me iba a la calle a cubrir el encargo o a buscarme la vida, que era lo que más me gustaba. Hacía reportajes sobre los porteros de fincas urbanas, que cobraban una miseria a cambio de habitar un cuchitril en el sótano. También hacía crónicas de algún partido de fútbol, cuando faltaba Esteban Fideu, o de alguna novillada, además de las típicas entrevistas a los de la heladería o a la castañera, según la temporada. Siempre pensé que podrían repetirlas, a fin de cuentas, siempre contaban lo mismo. Deberíamos hacer la prueba, nadie lo notaría; pero ahí estaba la gracia, en hacer algo diferente con el mismo contenido. Ya ven, la importancia del cómo. También hacía entrevistas a políticos locales que inexcusablemente eran del partido único, del Movimiento.

Allí recibí una de las grandes lecciones de periodismo que me han acompañado toda mi vida. El caso de las pipas de girasol. Pensarán que es una simpleza, ¿no?

León Cuenca me pidió que hiciera un reportaje sobre esas semillas. El asunto me pareció algo menor, como alejado de mis expectativas… Me hice el remolón y no di ni un paso para elaborar esa información. Después de unos días de inacción por mi parte, el director trasladó el encargo a otro compañero de apellido Belmonte que, obedientemente, hizo sus indagaciones y escribió una magnífica información con datos sobre producción y venta de ese producto del que nuestra provincia era líder. El texto contenía datos sobre las propiedades de esas pipas para la salud, sus componentes y vitaminas y grasas, además de su importancia para las relaciones sociales. Era el producto más vendido en el campo de fútbol local. Las personas paseaban con sus cucuruchos de papel llenos de esas semillas y las ofrecían a otros cuando se encontraban en alguna de las aceras de la calle Ancha. Hasta los jovencitos intentaban, con ellas, tener un primer contacto con las chicas que caminaban por allí o por el parque. El ¿quieres pipas? era un recurso casi infalible, al menos para que se detuvieran.

Todos habríamos querido que nuestras informaciones aparecieran en las páginas nacionales de *Pueblo,* pero nunca lo conseguíamos. Sí le ocurrió a Belmonte con su reportaje. Ese día no dije nada a Cuenca. Él tampoco a mí, cruzamos nuestras miradas y estoy seguro de que sabía de mi decepción, pero también que aprendí la lección de que no hay tema menor en el periodismo. Además de que el hecho de que un asunto resulte interesante o no también depende del interés que pongamos en ello. «Nunca más me volverá a pasar», me dije.

Así estuve aquel verano, aquel otoño y principios del invierno, trabajando gracias al calendario juliano. Llegó enero, volvió la Barceló a su trabajo y yo me marché a Madrid…, ciudad que cuando la vi, la viví y la sentí me hizo decir: «De aquí no me saca ni Dios. ¿Qué mejor sitio en España para hacer periodismo?». O para vivir o para conocer gente.

Para mí era «la ciudad de los prodigios», como el título de una de las novelas más hilarantes de Eduardo Mendoza, aunque en aquel caso el autor catalán hablaba de Barcelona y en otro sentido. La de paseos que me di por la Gran Vía, por la plaza Mayor, por ese camino que todavía repito entre el barrio de Argüelles, el lateral del parque del Oeste hasta el Palacio Real. Es una ciudad de ensueño. Madrid era y es increíble y yo estaba allí.

Lo más caro de mis estudios fue la estancia en el colegio mayor, llamado Francisco Franco —como tantas cosas en aquel tiempo en nuestro país—, que dirigía un vecino nuestro, Antonio Navarro, que se había establecido en Madrid después de estudiar Filosofía y Letras. Un hombre muy reflexivo, no demasiado hablador, que dejaba hacer a los alumnos internos mucho más que en otros colegios de aquella avenida de Séneca, junto al parque del Oeste...

Aparte del diario *Pueblo,* en el que me convertí en una especie de corresponsal de mi provincia en Madrid, trabajé en dos revistas especializadas. Se llamaban *Inforley* y *Biograma.* La primera trataba asuntos relacionados con el derecho y la justicia en general; no tengo especiales recuerdos de ese medio. Sí, en cambio, de *Biograma.* Un día me encargaron entrevistar a Francisco Grande Covián, el gran médico, investigador y nutricionista español, colaborador del premio nobel Severo Ochoa, y alumno predilecto del que fuera presidente del Gobierno de la República, el doctor Juan Negrín. Este hecho, su cercanía con el médico y político canario, le señaló negativamente y según parece pudo ser una de las razones para que finalmente se fuera a Estados Unidos. También que, para un investigador de su altura, las expectativas en nuestro país en tiempos de la dictadura eran muy pequeñas.

Le perseguí por todo Madrid; por la clínica de la Concepción —la actual Fundación Jiménez Díaz— y por otros lugares que no recuerdo. Le lanzaba preguntas a la ventanilla medio cerrada de su coche. Marchaba tras él cuando caminaba veloz por el pasillo de cualquier edificio, al término de cualquier conferencia o tras el encuentro con cualquiera de sus colegas médicos. Todo a la carrera... No me prestó demasiada atención, pero tenía que conseguir la entrevista y que se fijara en mí. Después de una jornada de casi acoso, llegué al colegio mayor y vi que con lo grabado podía conformar una conversación sobre nutrición y otras cuestiones con uno de los mejores expertos del mundo. Se publicó y se enviaron algunos ejemplares de *Biograma* al profesor, que, desde Minesota, respondió con un mensaje especial, agradeciéndome que sacara partido a esa entrevista deshilachada, interrumpida, de taxi a taxi, y cuando algún prestigioso médico nacional —cuyo nombre creía inolvidable— me apartaba tirándome del brazo para que no pudiera acercarme al sabio... Fue una cuestión de necesidad, de miedo a perder el empleo y de actitud hacia una carrera que me emocionaba, como también me emocionaba —creo que más todavía— aquella carta de Grande Covián.

Sí, fue una cuestión de actitud. No siempre la tuve porque la desgana me asaltó en varias ocasiones de mi carrera. A esa ocasional falta de algo tan fundamental para el periodismo y para la vida como es la disposición positiva, debí alguno de los contratiempos que sufrí y que a veces recordaba para intentar que nunca volvieran a suceder.

Aquellos eran tiempos en los que el entusiasmo y las convicciones tan claras de la juventud actuaban con una fuerza increíble. Quería ser periodista porque sí, para contar todo lo que pasaba. ¿Periodista político? Sí y no. Al final todo es política, pero lo que me volvía loco era la calle, el reportaje, estar en el lugar de los hechos. Nunca pensé entonces, ni algún tiempo después, que el periodismo y los intereses en torno al periodismo pudieran mermar a veces aquella fogosidad de tantos jóvenes hasta llevarla, en algunos momentos, a la apatía y al desencanto. Afortunadamente, muchas veces, también encontré estímulos y ejemplos para seguir adelante en unos estudios y en una profesión que nunca dejé de amar. Yo quería, siempre he querido, contar las cosas que ocurren y hacerlo de un modo inteligible sin pretender influir, agradar o herir gratuitamente. Seguramente mi única pretensión era la de ser un cronista del día a día sin que me frenaran las consecuencias que pudieran tener unas informaciones que, aun con errores, procuré que se ajustaran a la realidad. Lo que siempre tuve es un particular conflicto con la falta de verdad y con el temor a ser utilizado por las fuentes.

Creo que los consejos del viejo profesor Romano García y su platónico mensaje de que no nos fiáramos de las apariencias me sirvieron de mucho en mi vida profesional… Quizá por eso evitaba siempre el trato demasiado directo, el trato especialmente cercano con quienes ejercen determinadas responsabilidades. Siempre hay alguien que intenta influir en los periodistas, sobre todo si son tan bisoños como era yo. Buscaba la distancia larga. No podía dejar que la apariencia tuviera el valor de la verdad, me decía. ¡Cuántas veces me he comido la cabeza con cuestiones de este tipo! ¡Cuántas horas de sueño perdidas a lo largo de mi carrera por problemas de conciencia acerca de lo que era cierto, lo que podía ser o no ser, y lo que estaba absolutamente fuera de la realidad!

Trabajaba y estudiaba en una minúscula habitación del colegio mayor. Recuerdo perfectamente aquel pequeño armario con no más de seis perchas y una bolsa para la ropa sucia. También aquella mesa rectangular junto a la ventana, mi máquina de escribir —la Olivetti Studio de color verde que me regaló mi padre—, mis folios, mis libretas de notas, el bolígrafo y algunos rotuladores, todo en perfecto desorden.

Estudiaba más bien poco, leía más y disfrutaba mucho tocando la guitarra en alguna otra habitación contigua, cosa que ponía de los nervios a mi compañero Pepe Boada, muy metódico en aquello de hincar los codos en Economía y Dirección de Empresas. Un tipo muy trabajador, con un curioso sentido del humor, que refundó una compañía aseguradora que había sido creada en la calle de Pelayo en Madrid, y por eso su nombre: Seguros Pelayo... Dada mi afición musical y mis horarios tan poco estables, él y yo —aun siendo como somos todavía excelentes amigos— deseábamos que en el siguiente curso nos dieran habitaciones separadas.

Aquello del calendario juliano —que empezaba en enero y terminaba en diciembre— fue una tremenda torpeza, como todos pensaban dentro y fuera del ámbito universitario. Al final los dirigentes de la cosa estudiantil dieron marcha atrás y recortaron el curso académico, que terminó, como era tradicional, en el mes de junio. El ínclito ministro de Educación fue cesado. Decían que era tan de derechas que no gustaba ni a Franco. Era un chiste que por entonces se hizo bastante popular.

Dado que algunos profesores quisieron examinarnos del programa completo, tuvimos que hacer horas extras en eso de empollar por la noche y las pastillas de Bustaid —un adelgazante que en realidad era pura anfetamina— corrían por las habitaciones del colegio mayor gracias a triquiñuelas varias y a la connivencia de algún farmacéutico. El Bustaid nos permitió el sobreesfuerzo y sacar adelante el curso..., pero también provocó mucho estrés. Me recuerdo a mí mismo una mañana casi llorando en el baño común mientras relataba a un compañero que tenía graves problemas familiares… No era cierto, lo que tenía era un subidón por el puñetero estimulante y no sabía qué responder. El médico me recetó algún tranquilizante y algo para dormir y aquello se acabó. Nunca más… Desde entonces me pasé a la cafeína, que tampoco debía ser especialmente buena para el cuerpo, pero que, al menos, no tenía los efectos malignos del Bustaid.

Terminó el curso con notables y sobresalientes; con el calor del verano volví a casa y a la delegación de *Pueblo,* donde me esperaba una sorpresa: la beca que el redactor jefe, Eduardo Cantos, hermano de un alto funcionario de la organización sindical, me había conseguido para el año siguiente. Todo empezaba a ser más fácil para nuestra economía familiar. Eduardo era una persona excepcional con quien tenía mis pequeños acuerdos/desacuerdos. Por ejemplo, en cuanto al número de manifestantes. Antes no se informaba de concentraciones o algaradas, que solían ser apenas unos saltos callejeros que formaban un cierto tumulto, sobre todo frente al Casino, donde se podía apreciar algún dedo conservador señalando a la policía por dónde habían «huido» los melenudos alborotadores. Solo con la muerte de Franco, que aún tardaría un año más, se informaba sobre esos asuntos, pero tampoco con demasiado detalle; por ejemplo, se eliminaban los lemas que se gritaban y se dejaban para «la sección del olvido».

En mis cuentas, tirando por lo alto, salían siempre algunos manifestantes de más… Lo hacía por aquello del equilibrio, porque luego venía Cantos con las rebajas…

—¿Cuántos había? —me preguntaba Eduardo.

—Lo que he puesto, unos ochocientos.

—Yo no he visto más de doscientos.

Al final, la cifra en la noticia era de trescientos o cuatrocientos…, que, la verdad sea dicha, se acercaba más a la realidad. A su realidad más que a la mía, pero algo había logrado.

De vuelta a Madrid las cosas parecían moverse hacia una cierta apertura… Recuerdo, por ejemplo, dos estrenos, de finales de 1975, antes de la caída final de la dictadura con la muerte del «Generalísimo» acaecida el 20 de noviembre de 1975 —siempre me llamó la atención el grado de generalísimo, claro, no podía haber nadie por encima—. Esos estrenos eran *La resistible ascensión de Arturo Ui,* de Bertolt Brecht, en octubre, y *Jesucristo Superstar,* con un grandioso Camilo Sesto, el 6 de noviembre. La obra de Brecht se desarrollaba en Estados Unidos, pero trataba de ser una crítica rebuscada al ascenso de Adolf Hitler en Alemania… *Jesucristo Superstar* desató en Madrid la furia del inmovilismo. Camilo y la cantante dominicana Ángela Carrasco, que hacía el papel de María Magdalena, recibieron amenazas. La ópera *rock* salió adelante y los productores de la misma llegaron a decir —creo recordar— que era el mejor *Jesucristo Superstar* que se había puesto en escena. A partir de ese momento, Sesto y Carrasco se convirtieron en pareja de moda, con giras por todo el mundo hispano y Estados Unidos.

De esa manera el camino hacia la democracia estaba marcado también desde la escena. Era imparable. Recuerdo perfectamente aquellos meses. Me gustaba ser testigo de todo lo que ocurría y acudía allá donde hubiera un acontecimiento del tipo que fuera, como esa obra de Brecht magníficamente interpretada por José Luis Gómez o la ópera *rock* de Camilo Sesto, con Jesucristo convertido en *hippy*…

A partir de entonces eran muchas las peregrinaciones que se hacían, en este caso hacia el palacio de El Pardo, para asistir a algo que más temprano que tarde podía ocurrir en ese lugar: la larga agonía de Franco tenía que terminar inexorablemente en su óbito. Cuatro o cinco compañeros solíamos subir, desde el colegio mayor situado en la Ciudad Universitaria, hasta la residencia del ya moribundo jefe del Estado. La lamparita encendida en una de las esquinas era una especie de señal porque si se apagaba, eso significaba que el dictador había muerto. Tal cosa se decía y nosotros, en nuestra ingenuidad, lo creíamos. Íbamos, veíamos algunos movimientos de vehículos y de personas que entraban y salían del edificio…, pero nada más.

Poco a poco hacía cada vez más frío y eso de embarcarme cada noche en el Seiscientos de González Masegosa empezaba a cansarme y dejé de acudir a nuestra cita. El 20 de noviembre, el 20N, se produjo la noticia que fue leída por su último jefe de Gobierno, Arias Navarro, con aquel lloroso «Franco ha muerto». Vinieron algunos compañeros a sacarme de la habitación… En algún dormitorio de aquel colegio mayor Francisco Franco se celebraba el anuncio del fallecimiento con el descorche de un par de botellas de cava. Yo me sentía incapaz de brindar, y eso que en aquellos momentos ya me consideraba claramente antifranquista. No sé. Me alegraba del camino abierto hacia la democracia. Empezaba un tiempo nuevo, por fin, pero me sentía incapaz de beber por la muerte de alguien. Mi carácter, más bien dado a una cierta melancolía, también me susurraba los peligros que podrían llegar si a los supervivientes del régimen les daba por sobrevivir un tiempo más y por la fuerza.

Lo cierto es que las cosas en los primeros días se produjeron de un modo ejemplar, con una gran normalidad. El Palacio de Oriente registraba una afluencia masiva de personas que acudían a despedirse de un dictador al que muchas de ellas era la primera vez que veían tan cerca y tan inerte ahora. Sus partidarios formaban filas inmensas; también había muchísimos curiosos. Ambiente soleado, aunque con momentos grisáceos, en las afueras y cánticos de uniformados de azul Falange en alguna de las esquinas de los jardines de la plaza… Los vivas al Caudillo se repetían junto al *Cara al sol,* a veces tan poco ensayado que las notas se desfiguraban como si los cantores perdieran el aliento. O era su emoción, puede ser, o que también querían cantar hasta los que no se sabían ni la letra ni la melodía, pero lo cierto es que aquel himno parecía haber perdido la marcialidad con que se manifestaba en ocasiones anteriores.

La verdad es que nunca había visto en directo esa plaza de Oriente tan llena. Bueno, sí, una vez, pero fue por televisión. Era una de aquellas concentraciones de «adhesión al Caudillo». No recuerdo el motivo, pero sí que la plaza se llenó de pañuelos y de brazos en alto. Ahora el motivo era otro y Televisión Española ya emitía en color.

Finalmente, el príncipe Juan Carlos fue proclamado rey y cruzó por Madrid en coche descubierto. Pude verlo en la subida del lateral de la plaza de España hacia la Gran Vía. Lo recuerdo perfectamente mientras paseaba su mirada —con un punto de emoción desde su uniforme militar adornado con una banda azul celeste— hacia el lugar donde me encontraba con muchas personas más. La nueva monarquía caminaba llena de incertidumbres hacia una democracia desconocida en España desde hacía mucho tiempo. Decenios. Me habría gustado escribir y describir todo aquello: lo hacía solo mentalmente para que al menos se quedara en mi recuerdo.

10

CUANDO NUESTRO INTERIOR MUESTRA EL CAMINO

Dice mi editora que Franco sale mucho en este libro.

—No es que salga —le digo—, es que estaba en todas partes. Hasta la televisión cerraba la programación con su imagen mientras sonaba el himno nacional. Pero a partir de ahora va a salir mucho menos.

Los estudiantes de Periodismo solíamos leer el diario *Informaciones,* que salía por la tarde. Tenía un tono más urbano y más alejado de la prensa que mayoritariamente se leía en España. El periódico *Pueblo,* en el que era corresponsal para mi ciudad y en el que contaba los éxitos de los albaceteños en la capital de España, empezaba a parecerme anticuado si exceptuamos los trabajos tan brillantes de algunos reporteros y las portadas que decidía el director. Para ese periódico hice, por ejemplo, la primera entrevista a José Antonio Camacho cuando fue fichado por el Castilla, aunque no tardaría mucho tiempo en pasar al primer equipo, al Real Madrid. Su familia vivía en la capital manchega, aunque eran oriundos de Cieza.

Era una época en la que convivíamos con *El Alcázar* o el *Arriba,* anclados en el pensamiento de los vencedores de la

Guerra Civil… El diario *Arriba* era el periódico oficial de los falangistas, fundado por José Antonio Primo de Rivera, y más adelante convertido en periódico del Movimiento Nacional. No pudo superar el impulso democrático y fue cerrado en 1979. Curiosamente, *El Alcázar,* fundado en los días del asedio del Alcázar de Toledo en 1936, duró más tiempo, hasta 1987… Desde allí se hicieron llamamientos más o menos evidentes para que se produjera un golpe de Estado que acabara con el naciente sistema democrático y nos llevara de nuevo a la dictadura.

Pero el que leíamos, a veces con auténtica fruición como digo, era el diario *Informaciones* que comprábamos al salir de clase. Era el único que contaba ampliamente las movilizaciones estudiantiles. Sí, porque en aquellos tiempos las manifestaciones eran una especie de actividad paralela a la obligación de estudiar y, a veces, cuando la facultad estaba cerrada por lo que fuera o cuando entraban los grises —recuerdo perfectamente varias de esas irrupciones policiales a caballo con rotura de cristaleras incluida—, se convertían en lo primerísimo. Es difícil olvidar las que se iniciaban en el entorno de la Facultad de Ciencias de la Información. Los policías bajaban de sus furgones porra en mano y equipados con material antidisturbios se disponían en fila frente a la acampada estudiantil que, sorprendida y temerosa, empezaba a recoger libros y octavillas para entrar en desbandada en el *hall* del edificio o en carrera agobiante por la calle que bajaba desde los comedores del SEU hacia los campos de deportes de la Ciudad Universitaria.

Pasaba miedo en esas algaradas… Siempre me decía que esta «era la última», pero a la primera de cambio ya estaba de nuevo metido en alguna que otra. Tengo que decir que siempre acudía con algún tipo de prudencia; no era, desde luego, de los más aguerridos... Pero donde peor lo pasé fue en algunas de las que tenían lugar en torno al Ministerio de Educación y en las calles aledañas al Banco de España y el Círculo de Bellas Artes, desde cuyas ventanas siempre había personas siguiendo las correrías de aquellos jóvenes delante de los policías. No controlaba ese espacio, no conocía las entradas o las salidas del laberinto y me movía con torpeza; no como otros, más experimentados y que parecían haber hecho un cursillo casi de guerrilla urbana o por lo menos de «fuga urbana». Los estallidos secos de los botes de humo y el estruendo del helicóptero de la policía por encima de todos aumentaban las pulsaciones de nuestros corazones y hacían desvanecer el volumen de aquellos gritos en favor de la amnistía o la libertad... Solo se escuchaba el rotor y las hélices de aquella nave y el sonido leve de las carreras. Era como una especie de adicción; lo pasábamos mal, pero algo nos empujaba a manifestarnos una y otra vez.

Hubo una que jamás olvidaré por la violencia con que fue reprimida y por todo lo que significó para mi entorno colegial en aquellos trágicos días de enero de 1977. Ocurrió en la avenida de José Antonio —Gran Vía desde 1983—. Era el día 24. Los gritos de los manifestantes fueron respondidos con carreras y persecuciones de los policías y el incesante lanzamiento de botes de humo. La tensión era general... Nunca hasta entonces había conocido una movilización como aquella. Éramos muchos estudiantes y nos manifestábamos por la muerte, por el asesinato de un joven universitario de izquierdas llamado Arturo Ruiz, el día anterior, a manos de unos pistoleros de ultraderecha. Fue asesinado en la calle porque sí, con toda la chulería del mundo después de un enfrentamiento verbal. La noticia recorrió España con la velocidad del rayo.

Era un día frío, con esa luz que tienen las mañanas de enero madrileñas y con un sol matizado por una ligera neblina. El escenario de un gran acontecimiento o de un gran horror... porque así es como terminó. El griterío estudiantil era llamativo, también deslavazado cuando se producía algún que otro salto para cortar el tráfico. Un griterío que subía de tono con el estruendo de los gritos de «asesinos» dirigidos a quienes mataron a Arturo Ruiz, y con los cláxones de los coches exigiendo paso. Era en esos momentos cuando comenzaba la actuación policial y las carreras de cientos de jóvenes con rostros aterrados. Recuerdo que un camarero de un restaurante de esa avenida, casi en la esquina con la plaza de España, retiró el cordón con el que se disponía a cerrar la entrada al establecimiento para que unos cuantos pudiéramos refugiarnos... Entré a la carrera de la mano de una joven estudiante de Arquitectura. Desde allí, desde la cristalera de ese lugar, pudimos seguir el curso de aquella guerra desigual entre estudiantes y antidisturbios.

La neblina matinal fue sustituida por la humareda de aquellos proyectiles... Hubo heridos, pasaron ambulancias y vehículos policiales... y cuando todo cesó y la seguridad parecía absoluta, fuimos saliendo, disolviéndonos y desapareciendo de allí. No imaginaba en aquel momento lo que me aguardaba en el colegio mayor con un sinfín de rostros demudados.

—Ha muerto una chica en Madrid. La han matado… y la conocíamos.

—¿Cómo? ¿Qué me estás diciendo?

—Sí, la han matado. Parece que de un disparo; no sabemos si un proyectil perdido o de forma intencionada.

—¿Pero quién es?

—Mari Luz, la amiga de Solsona. La has visto decenas de veces por aquí.

Había muerto una joven en los incidentes ocurridos justo en la acera de enfrente al restaurante en el que me había refugiado. Se llamaba Mari Luz Nájera, estudiaba Ciencias Políticas y era muy amiga de uno de nuestros compañeros colegiales con el que había estado en diferentes ocasiones en el comedor; sí, compartiendo rancho con nosotros. Era un rostro conocido para todos. Había lágrimas y lamentos por la joven Mari Luz. Había muerto como consecuencia del impacto de un bote de humo disparado por un policía a bocajarro contra su cabeza. La habían matado y su rostro era irreconocible.

Eran tiempos de horror. Mientras nos dolíamos por la muerte de Mari Luz Nájera, esa misma noche del 24 de enero la ultraderecha produjo un baño de sangre para dejar sentado que o mandaban ellos o nadie podría vivir tranquilo en España. Era muy tarde, cerca de las once, cuando unos ultraderechistas entraron en el despacho de unos abogados laboralistas vinculados al Partido Comunista de España y a Comisiones Obreras situado en el número 55 de la calle de Atocha. Eran tres personas armadas que dispararon sin cesar contra los reunidos que preparaban una huelga en el sector del transporte. De esa matanza se salvó Manuela Carmena, que luego fue alcaldesa de Madrid, porque uno de los fallecidos, Luis Javier Benavides, le había pedido que le dejara su despacho. Junto a Benavides murieron otros dos abogados, un estudiante de Derecho y un administrativo. Casi una decena de personas resultaron heridas, siete de ellas muy graves. Fue una semana muy complicada, muy triste… que tuvo como colofón el entierro multitudinario de los asesinados. Fue impresionante…

Miles de personas, comunistas o no, con el puño cerrado o no, con claveles y rosas rojas en las manos o no…, acompañaban los féretros en silencio, con un profundo sentimiento de dolor y también con un sigiloso desprecio hacia los causantes de una matanza que, sin embargo, abriría la puerta a la legalización del Partido Comunista de España. Era un día de lágrimas, de emociones y de un silencio absolutamente desgarrador que sirvieron para humanizar algo la imagen de un partido que el régimen anterior había demonizado.

Pero esos grupúsculos franquistas violentos no eran los únicos empeñados en poner barras de acero en las ruedas de la incipiente democracia. En el otro extremo había también gente dispuesta a matar, como ETA —tan presente siempre, tan dañina— y aquellos GRAPO que, esos días, acabaron con la vida de dos policías y un guardia civil que vigilaban dos sedes bancarias. Muchos temíamos que esos «hunos u hotros», que podría haber escrito sarcástica y dolorosamente Miguel de Unamuno, intentaran también asesinar al presidente Suárez; imagino que en aquel tiempo él también lo temía, sin duda, pero estaba firmemente decidido al cambio.

En 1976, cinco meses después de la muerte de Franco, se fundó el diario *El País,* y su primer director fue Juan Luis Cebrián, a quien muchos habíamos seguido en *Informaciones.* Era el primer periódico nacido en democracia y con el que empezábamos a creer que otro tipo de información, más cercana a la realidad, era posible.

En el otoño de 1977, varios amigos fuimos animados por un periodista de ese diario, Antonio Machín, para hacer un seguimiento a Carmen Polo, la viuda de Franco, y contar cómo era su vida dos años después de la muerte del dictador... Solíamos hacer guardia frente a su casa en la calle de Hermanos Bécquer, a unos metros de la embajada de Estados Unidos. La cosa era muy excitante, nos paseábamos muy cerca de su portal, esperábamos a que saliera y la seguíamos mi amigo Ángel Cuevas y yo a bordo de su motocicleta, una pequeña vespa a la que llamábamos Rayo Veloz, aunque casi nunca conseguía alcanzar al coche negro de Carmen Polo.

—¡Corre, corre, que se va!

—Joder, esto da lo que da...

Otros tres amigos esperaban en puntos diferentes de la ciudad. Apenas conseguimos nada. A veces salía con la viuda de Carrero Blanco, de quien era amiga y vecina, hacían algunas visitas y de vez en cuando alternaban con otras mujeres de la zona en una conocida cafetería cerca de la Castellana... También conocíamos su recorrido para ir a misa y poco más. No daba mucho juego la viuda del general.

El asunto tenía un cierto grado de estupidez. Ángel y yo soportábamos el frío a bordo de la moto con gorros de lana... No eran pasamontañas, pero teníamos una extraordinaria pinta de terroristas si alguien hubiera querido verlo así. Pasado el tiempo, imaginamos que desde el diario *El País* habrían avisado que quienes seguían a la viuda de Franco eran unos jóvenes estudiantes —no desestimo que hubieran dicho «unos pardillos de Albacete»— para hacer un artículo sobre las actividades de esa mujer y que no les extrañara que hiciéramos, como hicimos, algunas preguntas. Eso debió ocurrir, porque si no, podrían habernos descerrajado unos cuantos tiros por ignorantes. El artículo salió, evidentemente, con muy poca información y firmado por Antonio Machín, que era el periodista del diario que nos coordinaba. Realmente, la vida de la viuda de Franco era muy aburrida, muy predecible, casi tanto como antes de la muerte del dictador, pero era nuestro primer trabajo en un medio nacional. Obviamente, ante los escasos resultados de nuestra tarea, de nosotros no había ni mención.

Por aquel tiempo compaginaba mis estudios y mis colaboraciones periodísticas con una actividad musical relativamente exitosa con un grupo de música folk llamado Carcoma, al que me adherí cuando estaba en segundo curso de Periodismo. Afortunadamente, no tenía que depender de mis composiciones, ya que nuestro repertorio estaba compuesto por canciones tradicionales: jotas, seguidillas, romances y esas cosas. Viajábamos mucho, sobre todo por la provincia de Madrid, pero también por diferentes puntos de España. El grupo era bastante popular porque su primera formación, de la que quedaban solo tres componentes, había ganado el concurso *La gran ocasión,* de Televisión Española, algo así como esa *Operación Triunfo* que llegó mucho tiempo más tarde.

Un día dejé el grupo porque con tanto viaje, con tantas actuaciones por la provincia de Madrid y gran parte de Castilla la Nueva y Castilla la Vieja, mis notas en la universidad podían no llegar al siete de media necesario para mantener mi beca. Lo cierto es que antes y después de esta aventura en grupo lo intenté en solitario. No pretendía llegar a nada en el mundo artístico, pero armado con una guitarra, sabiendo unos pocos acordes y con una voz que me permitía decir y cantar, me había aventurado por el camino de lo que se llamaba canción protesta. La verdad es que mis canciones eran de una pobreza absoluta, su calidad era rayana en lo ramplón, salvo cuando cantaba los poemas de mi amigo Andrés Gómez Flores, que nos sacaba mucha ventaja en eso de unir palabras para crear belleza y dar sentido a la «queja contra el poder y el abrazo a los desprotegidos».

«Oh, pobres, innecesarios
viejos obscenos…
y una fresca rosa roja
le floreció en el pecho.
Izquierda, oh corazón».

Era parte de una de las estrofas que yo cantaba sin saber muy bien lo que queríamos decir. Aquello de los «innecesarios viejos obscenos» me desconcertaba, aunque viniendo de Andrés, algún mensaje oculto tenía. Seguramente se refería al franquismo, pero él no lo desvelaba tampoco.

El caso es que no se nos podía meter mucha mano por lo de la letra porque los censores tampoco entendían nada…

Lo único, la palabra «roja» que seguía a «rosa». Cosa de colores. Había otras letras más de una belleza que, como decía, yo no habría sido capaz de emular. No eran canciones insolentes, pretendían llamar la atención y emitir quejas. Algunas eran una especie de crónica, como *Último día de diciembre,* sobre una huelga de trabajadores del hospital siquiátrico de mi provincia... Entonces, creo, vivía mis afanes periodísticos y musicales como si fueran una misma cosa.

El que lo hacía bien era Manuel Luna, folklorista con quien fui recorriendo pueblos de la sierra en una de sus campañas para recopilar canciones tradicionales, grabar viejas coplas a los más ancianos con el objetivo de completar un archivo de cultura popular en la diputación provincial. Todo tenía cabida, desde las letras más tiernas de los romances a los versos más duros de los cantos de laboreo, como aquel de...

«Si cuatro pillos supieran
lo que cuesta el trabajar,
no abusarían del pobre
ni tampoco del jornal».

Temas que ambos cantábamos en algunos conciertos populares y que nos valieron unas pintadas en determinadas paredes del centro de la ciudad en las que se nos señalaba como rojos. Probablemente, algunos se sintieron provocados por unas canciones que a veces eran aprobadas, otras no, por la Delegación de Información y Turismo que ejercía la censura.

Un día recibí una llamada en el colegio mayor, una voz masculina me dejó temblando.

—Hemos puesto una bomba en la Librería Popular.

Era cierto, habían puesto una bomba en la librería que en mi ciudad regentaban militantes comunistas y «compañeros de viaje», que se decía. Allí tenían lugar conferencias y tertulias. El caso es que efectivamente la bomba estalló y la llamada posterior me sonó a amenaza. Por si acaso… me fui del colegio. ¿Acojonado? Sí, acojonado. Si era una amenaza, ya sabían dónde me alojaba.

La verdad es que era un joven de lo más normal…, preocupado por las cosas que pasaban, aprendiendo qué era la democracia y simpatizante de aquello que pudiera suponer un cambio moderado por la izquierda. No estaba especialmente politizado, no militaba en nada. Entre mis amigos había moderados centristas, pero también algunos comunistas y ningún socialista. Sí, creo que en la facultad había más gente del Partido del Trabajo y su Joven Guardia Roja, del PCE o de la ORT que socialistas; diría incluso que entonces, con tanta polarización hacia la izquierda radical, los socialistas habrían parecido casi de derechas.

En mi moderación apreciaba a Suárez por el esfuerzo y la osadía y admiraba al presidente del Partido Socialista Popular, Tierno Galván, que siempre me pareció un intelectual poco proclive al aventurerismo. Eso es lo que se decía. Sus discursos eran fantásticos, muy bien construidos, a veces un tanto elevados y, sin embargo, conseguían emocionar a sus seguidores y a cuantos aparecían por los mítines del PSP. Es decir, era un tipo normal, de mi tiempo, con pelo largo, vaqueros gastados y la inevitable trenca que se cerraba con esos botones en forma de cuernecillos; pero aquella llamada telefónica me procuró algunas noches en vela, por lo que recogí mis pertenencias y busqué cobijo en un semisótano de la calle de Guzmán el Bueno, en el barrio de Argüelles. ¿Por qué a mí, me preguntaba, si no era ningún militante o activista significado? Sería por eso, por el pelo largo, la pinta de progre rebelde. Por entonces todo lo que no fuera una corbata y el cabello cortado a lo cepillo debía ser sospechoso.

Y abandoné el colegio mayor Francisco Franco, aquel edificio del patronato del Movimiento lleno de becarios en el que un día, según contaban, había recalado para preparar unas oposiciones el mismísimo Adolfo Suárez. Eché de menos a mis amigos, también a otros colegiales, al director y a las chicas de limpieza y cocina que siempre me trataron con una especial atención… y me acordé de aquel poema de Rosalía de Castro:

«Adiós ríos, adiós fontes,
adiós, regatos pequenos;
adiós, vista dos meus ollos,
non sei cándo nos veremos».

Cuando dejas algo que de verdad fue importante, la nostalgia te hace pensar que allí hubo momentos de gran felicidad. La decisión de abandonar aquel edificio no era un simple paréntesis en mi vida y no sabía, como Rosalía, cuándo nos veríamos de nuevo. Quizá con algunos sí, con otros nunca. Fue una salida definitiva. Nunca me ha gustado deshacer pasos. Las rupturas con el pasado —porque cada cambio implica dejar un pasado y apostar por un futuro muy diferente— han sido totales para mí. Nunca quise segundas partes. Tuve añoranza, momentos de tristeza, pero nunca volvería a hacer lo que hice o vivir donde viví, aunque lo nuevo fuera peor. Es la única forma que tenía, que tenemos de descubrirnos y de seguir adelante.

En el fondo, la vida colegial también tenía sus momentos de hartazgo. Los amigos íbamos juntos a comer, también a cenar, todos esperaban a que llegara el último de nosotros para entrar en el comedor y nos juntábamos en el bar para conversar. Parecíamos los componentes de una mafia, cosa que empezaba a cargarme, y empecé a escabullirme hacia una vida más activa en la ciudad, hasta que me fui a ella definitivamente.

Mi nueva residencia en Madrid era una habitación interior con cuyo alquiler la familia propietaria completaba mínimamente el sueldo del marido, pero era tan oscura e inhóspita que muy pronto me puse a buscar otro alojamiento. Me acuerdo perfectamente del rostro del dueño; un hombre bueno y enjuto que se declaraba tranquilo al verme de vuelta a casa. Pero allí, sin luz natural, no se podía estudiar, había unos mosquitos de dimensiones descomunales —parece que por la humedad— y para colmo la hija, que tenía unos catorce años, no salía del baño ni por asomo. Abandoné aquel semisótano para instalarme en una habitación más luminosa de un piso poblado por estudiantes de Ingeniería y al que, como en el colegio mayor, podían subir chicas.

Puede parecer paradójico, pero donde tenía una buena vida en Madrid con libertad de movimientos y tranquilidad era en el Francisco Franco; los Grupos de Acción Sindicalista, los del GAS, si es que fueron ellos, me sacaron del confort para entrar en no se sabía qué, pero a la vez me impulsaron a vivir sin los algodones de la vida colegial. Me vino bien; en el Franco estaba lejos de avanzar. Necesitaba Madrid. En ese momento lo vi con toda claridad.

11

Cuando el cómo se hizo tan importante como el qué

Los cambios que ya empezábamos a vislumbrar, como la libertad sin policías que pidieran el carnet por llevar pelo largo o barba, el animado y estudiantil barrio de Argüelles, los conciertos en el Real o en los grandes pabellones y las terrazas de Madrid, seguían poniendo algo de mordiente en nuestras vidas. Vivíamos entre la alegría de todo aquello y la desazón por las actividades académicas en la facultad que, al menos para mí, resultaban de lo más mortecino.

Si no fuera por determinados amigos, compañeros, compañeras y algún que otro profesor, aquel edificio grisáceo de hormigón futurista no era sino un destructor de las ilusiones y ganas de saber de cientos de jóvenes que llegaban con la pretensión de convertirse en periodistas. Entre nosotros había muchos estudiantes matriculados porque era la carrera más de moda de cuantas se podían cursar en la Complutense, pero muchos encontrábamos un timo aquella falta de medios. Habíamos estrenado una Facultad de Ciencias de la Información que había sido creada dos años antes gracias al empuje de varios directores de periódico y de una parte de la

Administración… En cierto modo se entendía como una especie de mirada al futuro sin Franco que un día, lógicamente, habría de llegar. Hasta ese momento, salvo los periodistas venerados de Madrid y Barcelona y algunos otros en determinadas capitales de provincia, los encargados de informar no constituían precisamente el sector más considerado y apreciado por parte de la sociedad española. ¿Cómo decir a los padres de una señorita bien de aquella época que su novio era periodista?

—¿Qué? ¿Cómo? ¿Periodista?

¡A ver si mi padre iba a tener razón con lo de la oposición para botones del Banco Hispanoamericano! Cuando se inauguraba una exposición de pintura o se presentaba un libro los organizadores sacaban grandes aperitivos como garantía de que los periodistas acudirían sin dudarlo a tal o cual evento. La profesión estaba tan mal pagada, en algunos sectores todavía lo está, que muchos informadores aprovechaban esas coberturas —y no es una exageración— para completar su dieta alimenticia… En provincias ya ocurría un poco, pero en Madrid eran legión los que se personaban en cualquier acto del tipo que fuera por aquello de ingerir algo y no siempre eran periodistas. Entre estos, entre los no periodistas, había algunos clásicos que aparecían en el lugar donde dieran esos aperitivos o meriendas y salían comidos y cenados, según parecía por la voracidad con que saltaban de una a otra bandeja.

Había que adecentar la profesión…, había que dignificarla y se consideró que lo mejor era crear una Facultad de Ciencias de la Información… en la que se incluyeron las ramas paralelas de Imagen y Publicidad. Y allí, en esa parte del campus, nos dábamos cita —y lo digo con cierto orgullo— un grupo de buena gente, la inmensa mayoría con vaqueros y con el deseo de participar del futuro de una España que, sin duda, habría de ser mejor que la que conocíamos. Éramos aspirantes a periodistas, publicistas, gentes del cine…, en suma, los que con escritores, creadores y artistas de todo pelaje y condición iban a tener en sus manos la maravillosa misión de informar, cultivar y entretener a un país que estaba a punto de cerrar el largo «ocaso de la dictadura». Un periodo de autoritarismo que, como decía un profesor, de aquellos progres con pinta de no numerario, o que directamente lo era, no terminaba de «ocasar» ni con la muerte del dictador y que ahora, según vemos en algunos ámbitos, está como queriendo resucitar; tal vez porque entre unos y otros, desde la política y el periodismo, no hemos sabido defender un sistema democrático tanto tiempo deseado.

Aquella facultad llena de esperanzas tenía, sin embargo, muchas deficiencias. Creada con el impulso, ya digo, de notables periodistas y de parte de la Administración para que los informadores dejaran de ser parias, estaba infradotada de medios… Nunca vi un estudio de radio, salvo el de Radio Albacete, la EAJ 44 que regentaban el padre y los tíos de Ángel Cuevas, mi amigo el de la vespa, mi queridísimo compañero de colegio mayor. Solo cuando empecé las prácticas en Radio Exterior de España pude sentarme frente al micrófono y ver en la cercana TVE, a solo unos cuantos metros de allí, cómo era un estudio de televisión.

En la facultad había poca práctica y mucha teoría. Teníamos profesores como Ángel Benito, autor de lo que podría considerarse como uno de los primeros tratados de Teoría de la Información y otros volúmenes. Él y otros animaban el acercamiento de profesores y alumnos, incluso para hablar de política y criticar, con poco disimulo, a las autoridades académicas; cuestión sorprendente porque en aquel tiempo —creo recordar— Benito era el vicedecano de la facultad. Hubo, como él, muchos profesores interesantes; recuerdo fundamentalmente a los de Literatura… Estaba, por ejemplo, el rumano Vintilă Horia, a cuyas clases acudíamos incluso alumnos que no lo teníamos como docente. Era un buen profesor, aunque su pasado indisimuladamente fascista provocó que muchos le miraran con desdén y prefirieran no asomarse por las aulas en las que impartía cátedra, salvo aquellos que no tenían más remedio… Yo también dejé de aparecer por allí, entre otras cosas porque ya tenía mi profesor de Literatura favorito.

Era Ramón Pedrós, ilerdense y poeta de corte surrealista en aquel momento. Escribía en *ABC* y un día supimos que le habían dado un premio importante de poesía. Alguien, no sé si con el ánimo de escuchar el poema o con el de hacer alguna burla del profesor, le pidió que leyera unos cuantos versos. Ramón Pedrós, que era algo tímido, abrió su cartera, sacó unas cuartillas y comenzó a leer. Por debajo se escuchaba alguna risita, tal vez imperceptible para el profesor que seguía leyendo sentado en su mesa con sus gafas de concha, su calva a medio terminar, su chaqueta a cuadros, su jersey de pico y su corbata de colores… Imagino que las risitas se debían a que la poesía del profesor, ya digo, de carácter surrealista, era difícil de entender sin el debido reposo. Cuando terminó, todos le dimos un gran aplauso y él, según creo, lo recibió emocionado...

Era un gran profesor, se tomaba en serio lo suyo... Recuerdo que en aquel tiempo el Teatro Español programaba *Luces de bohemia,* de Ramón María del Valle-Inclán; pues bien, Ramón Pedrós trajo por el aula a todo un elenco: un actor, el director de la obra y hasta un tramoyista... Quería que aprendiéramos qué era aquello del esperpento valleinclanesco con los profesionales que lo interpretaban y que lo hacían posible desde la parte técnica. Ramón, nuestro don Ramón, era así; se tomaba en serio su trabajo.

Seguramente por su influencia nos dedicamos durante un periodo de tiempo a escribir según los dictados surrealistas de la escritura automática de André Breton... Recuerdo algunos poemas, sobre todo de mi amigo Nicasio Sanchís, como aquella oda al albornoz colgado en la puerta de la habitación que empezaba diciendo: «Oh, albornoz desierto de hombre...» o aquellos versos dedicados a la más bella de nuestras compañeras de clase... «Vicky, mi rizo, preñada macicez de belleza impura...». La chica en cuestión tenía el pelo muy ondulado, como pueden imaginar..., y era bastante curvilínea. De sus impurezas nadie podía decir nada de nada. Era una toledana inspiradora de poemas oníricos, pero en su vida real pasaba por ser tremendamente conservadora, siempre perfectamente peinada y maquillada, muy lejos de aquellas hordas de melenudos y chicas progres que poblábamos mayoritariamente las aulas de Ciencias de la Información.

Se hablaba mucho de la deontología del Periodismo, de la necesidad de alcanzar la verdad, de la evitación de prejuicios sobre las personas y los acontecimientos. Éramos idealistas y creíamos que la información veraz era posible… Pensábamos que la búsqueda de certezas y el equilibrio eran los fundamentos de unos estudios que entendíamos como de servicio al ciudadano.

Por lo demás, la vida en la facultad fue tornándose muy normal, casi aburrida; un aburrimiento que se disipó para mí con las prácticas en Radio Exterior de España, la onda corta de Radio Nacional. Ahora empezaba a trabajar en serio. Tenía una suerte inmensa. Cuando vi que me aceptaban como alumno en prácticas, tuve una de las mayores alegrías de mi vida. Recuerdo perfectamente el día de mi llegada, recuerdo perfectamente aquel edificio gigante. Nos recibieron en un despacho, creo que era el del jefe de Informativos, y sortearon los destinos. A mí me había tocado un turno de tarde, pero un estudiante al que le había correspondido la noche/madrugada y que me debió ver cara de panoli me pidió un cambio porque tenía que cuidar de una abuela enferma. No le defraudé, debía tener cara de buenazo tirando a tonto y acepté. El chico en cuestión se especializó en información local de Madrid y ahora no recuerdo su apellido. Lo prefiero, aunque tampoco lo diría en estas páginas.

Sí, me tocaron los peores turnos, los de la madrugada, cosa que al final agradecí. Procuré hacerme un hueco en unos horarios que nadie quería… En la soledad de la noche aprendí mucho; sobre todo, a valérmelas por mí mismo. La prueba de fuego fue la final de la Copa del Mundo de Fútbol en Buenos Aires. Era el 25 de junio de 1978. No había nadie en las instalaciones de Radio Exterior... Se veían algunas personas en la redacción de Radio Nacional, en la onda media, pero yo me encontraba en la soledad más absoluta, salvo por las llamadas del redactor jefe, Diego Lamelas Olaran, que cada cierto tiempo me llamaba para mantener la tensión, imagino, y para que no me viniera abajo en esa noche tan especial... Ganó Argentina a Holanda por tres goles a uno después de una prórroga... Era la primera Copa del Mundo para la Albiceleste que entregó un ufano dictador, Jorge Rafael Videla... Argentina conquistó el campeonato y el presidente de la junta militar, sonriente, pretendía creer, en medio de una gran ovación, que el trofeo significaba el perdón de sus pecados. Una vez más, el deporte rey sirviendo de coartada, como ha pasado muchas otras veces. Todavía hoy muchos se preguntan como es que los dirigentes del fútbol mundial aceptaron celebrar la final del campeonato en un país regido por una dictadura y bajo la sombra de tantos asesinados y desaparecidos. Más adelante pensé, sin embargo, que los argentinos, tan aficionados al fútbol, también se merecían el campeonato, aunque fueran gobernados por un directorio militar. Ya empezaba con mis contradicciones. Al final de la noche, ya de madrugada, Diego Lamelas, que había seguido todos los boletines de aquel estudiante en prácticas, me llamó para felicitarme y darme las gracias...

Aquel hombre me había tomado en serio. Fue ejemplar en el trato a un estudiante en prácticas, cosa que intenté emular siempre que tuve alguna responsabilidad. Cuidar y valorar a los futuros periodistas en ese periodo es fundamental.

Muchos de los que conocía cuando estaban todavía en cuarto de carrera están haciendo un magnífico trabajo en distintas cadenas de televisión. Me alegro mucho cuando los veo. Solo espero que el periodismo de encontronazo que a veces nos inunda no les haga decaer en su vocación.

Al término de aquel periodo, Diego y el subdirector de la cadena, Juan Luis Díaz Prats, me ofrecieron un contrato. Allí aprendí a contar las cosas según el clásico «sujeto verbo predicado», pero lejos de lo que marca la teoría; intentando que el cómo diera al relato un punto de personalidad, tal y como me habían enseñado Cuenca y Cantos en el diario *Pueblo*:

—El qué lo tienen todos. Tienes que hacer una narración diferente a la de los demás, y eso solo se consigue con personalidad, manejando el cómo.

—Manejar el cómo sin faltar a la verdad…

Es curioso; tengo la sensación de que, pasado el tiempo, esas sugerencias parecen estar como jugando al escondite. Por lo que se ve en demasiados casos, el cómo ha adelantado al qué hasta sustituirlo, expulsarlo completamente en determinadas informaciones, sobre todo en algunos medios. La opinión es libre, pero la información no debiera ser mentirosa, nos decían, y yo lo sigo diciendo, pero en los últimos años he visto una extraña, una interesada confusión en muchos titulares.

Pero a finales de los setenta y ochenta las cosas no eran así, o al menos no lo parecían en aquella redacción de Radio Exterior donde aprendí a valorar las noticias por su importancia e hice mis primeras escaletas en las que se ordenaban los contenidos informativos… Un lunes de 1981 un golpe de Estado sorprendió a mi país. No lo esperábamos, aunque antes se habían producido otros ruidos de sables, como se decía de las intentonas de este tipo. Era el 23 de febrero... Era mi día libre porque trabajaba en un programa de fin de semana llamado *Siete días* y la entrada de Tejero con sus guardias civiles en el Congreso se produjo mientras estaba escuchando la radio y tomando notas para el espacio del siguiente sábado... Se celebraba la sesión para la investidura de Leopoldo Calvo Sotelo en sustitución del dimitido Adolfo Suárez, el presidente del cambio que dejó el cargo después de una suma, casi multiplicación de traiciones internas y amenazas múltiples. El secreto de todo lo que ocurrió en aquel tiempo se lo llevó a la tumba; aquella reflexión en su discurso de «no quiero ser un estorbo» escondía muchas de las razones de su marcha.

Llamé a la redacción por si mi trabajo pudiera ser necesario en algún momento, pero en una acción rapidísima, los uniformados ya habían tomado las instalaciones, nadie podía entrar. Por la señal de RNE solo se escuchaban noticias referentes a la situación creada por la intentona y música militar... Era la orden que los militares golpistas habían dado al director de la emisora, Eduardo Sotillos, quien había elegido marchas de los ejércitos de siglos pasados, que a los asaltantes de la emisora les parecieron poco marciales.

—Hemos dicho música militar, señor Sotillos. ¡Música militar! ¿Me entiende?

Y empezaron a sonar el himno de Infantería, el de la Guardia Civil y el de la Legión.

Las horas siguientes fueron de un temor creciente ante el eventual regreso de la dictadura... Puedo confesar que estuve nervioso por lo que pudiera ocurrir en mi país, aquello me pareció una locura. Finalmente se produjo el mensaje del rey y todo volvió, poco a poco, a una cierta normalidad. Pero el miedo se extendió entre la mayor parte de los españoles, aunque otros veían ese movimiento de uniformados con la esperanza de volver a la casilla de salida. En esos momentos no pude trabajar como periodista, solo pasar del dial de una emisora a otra y asomarme a la SER porque mi cadena, RNE, estaba secuestrada por el Ejército.

Un día, un entusiasta Felipe Sahagún creó la redacción de internacional de RNE. Allí estaban Juan Antonio Sacaluga, Daniel Peral y otros más, entre ellos el que era en ese ámbito mi mejor amigo, Enrique Peris, estupendo profesional y una de las primeras personas que conocí en Radio Exterior. En su casa pasé muchos días, como uno más de la familia. Era y es un gran conversador y, por lo tanto, un gran escuchante al que le gustaba regresar sobre las palabras pronunciadas hasta llegar a conclusiones lo más exactas posibles. Sí, aprendí mucho con él, incluso a amar el *jazz*, del que Enrique era un devoto... Me regaló determinados discos de vinilo que aún conservo, entre ellos alguno de Cole Porter o del argentino Astor Piazzolla.

—Escucha esto... Es otro argentino, Gato Barbieri. Te lo regalaría, pero solo tengo este LP.

Por aquellos días fui a Nueva York con mi hijo, que apenas tenía ocho años. Estuvimos en la Sala Blue Note, donde cenamos en una mesita situada a escasos dos metros de Gato Barbieri, que actuaba allí con su saxo. Compré una grabación suya allí mismo y a la vuelta a Madrid la puse en nuestro reproductor; sin embargo, el paso del tiempo ha dejado en su olvido aquella escena que a mí me había parecido antológica.

Un día, Fernando Delgado, director de RNE y seguramente el más culto de cuantos han pasado por ese puesto, me ofreció editar y presentar los noticiarios de fin de semana de la cadena. Tanto a Enrique como a mí nos sorprendió que fuera yo el elegido y no él, que tenía una larga experiencia; aun así, me acompañó como coeditor hasta que él mismo fue requerido para dirigir ese informativo cuando yo pasé al de las doce de la noche y después al de las dos de la tarde, *El Parte* de toda la vida, y encontré otro gran compañero: Federico Tuya, de quien nunca sabría decir si él fue mi otro yo, como parecía, o yo el suyo. El caso es que, aun siendo decididamente opuestos en muchas cosas e incluso en formas de ver la vida, llegamos a una compenetración tal que nos convirtió en inseparables. Aquella relación profesional y de amistad me sirvió para seguir aprendiendo a escuchar, a estar en el lugar de los otros, a entender a los demás, aunque tuvieran puntos de vista muy distantes.

Ambos estábamos interesados en el relato veraz… Cediendo mucho cada uno en nuestras posiciones iniciales. De la intransigencia a la cordura, decíamos, aunque en eso de la cesión él fue el más generoso. Juntos, con ese tira y afloja, mantuvimos una larguísima relación que nos fue llevando desde Radio Nacional a Televisión Española y de allí a Antena 3… Creo que aquella complicidad en la diferencia me sirvió mucho en ese ejercicio del acercamiento a la verdad, aunque, como es lógico, me jubilé muchos años después sin encontrarla del todo. Pero sí, creo que Radio Nacional fue una grandísima escuela para el resto de mi vida profesional y la de otros muchos. Había principios, grandes principios, en una redacción compuesta por periodistas que, en general, habían obtenido su plaza por oposición. Ese no era mi caso porque formé parte de un contingente de trabajadores contratados que, después de muchas tensiones y el apoyo de eficaces abogados laboralistas, consiguió la fijeza, como aquel que dice «por imperativo legal». Había principios deontológicos claros en aquel ámbito, gobernara la UCD o los socialistas. Esa redacción se había hecho a sí misma en el curso del desarrollo del sistema democrático que —salvo el caso de algunos veteranos— la mayoría de nosotros compartía. No hablo de valores absolutos, pero sí de tendencias en favor de una información por lo menos alejada del partidismo. Eran otros tiempos. Estaba tan agradecido a lo vivido allí que cuando un día me ofrecieron volver como director, no lo dudé. Era un orgullo regresar a casa.

La verdad es que el tiempo pasado años antes como trabajador, como periodista en RNE, fue trascendental por muchas razones. Ahora, cuando evoco recuerdos de aquellas salas de redacción con grandes ventanales cubiertos por persianas de láminas de plástico, se agolpan los rostros de quienes dirigían los informativos, como Díaz-Manresa y su diario hablado con «noticias que usted comentará» —luego convertido en *El Parte* de Magín Revillo, el mismo informativo que dirigiera Victoria Prego—, los jefes de sección, los redactores, Ubaldo Pérez y sus servicios de socorro, los pitos para que acudiéramos a la sala de teletipos porque había una noticia de última hora… Creo que era un tiempo para enmarcar y besarlo como ahora hago de forma imaginaria.

No todo fue amable, tuve buenos y malos momentos. Uno de estos últimos ocurrió cuando conocimos un Estudio General de Medios, en concreto el primer EGM desde que yo dirigiera el informativo de las dos de la tarde. No era bueno para mí, la verdad. Nuestra audiencia había bajado algo, no demasiado, pero el número de oyentes era menor que en el estudio anterior, y eso no pasaba desapercibido, era cuestión de sumar o restar.

Pude oírlo nítidamente. Quien habló no estaba demasiado lejos de mí; además, lo hizo claramente para que lo escuchara.

—Tampoco este es Victoria Prego —dijo, mientras un directivo algo más solidario me decía al oído:

—No te preocupes, el EGM no es la Biblia, tiene errores de bulto. A veces la gente dice que escucha a quien ya ha dejado la radio. Todo irá bien y ese es un gilipollas.

No hacía falta que el compañero crítico se esforzara en su empeño. De sobra sabía yo que Victoria era una grandísima profesional, con una larga trayectoria como periodista en distintos medios, también en la televisión, y que yo estaba muy lejos de ella. No me dolió el análisis porque era cierto, yo era un principiante, lo que me hizo daño fue la intención. Aquello me dejó un poco tocado, ya que era, todavía lo soy, muy aficionado a dar vueltas a la cabeza con las cosas negativas. Hice un mundo de aquella frase, pero también recibí el apoyo de otros y de la dirección para seguir progresando. No podía ser de otra forma que con el esfuerzo. Intenté otro modo de editar con entradillas más contundentes, más breves; uniendo unos temas con otros para que las noticias no parecieran entes aislados y dar la impresión de que todo podía estar relacionado entre sí; a fin de cuentas estábamos haciendo la fotografía de una jornada en la vida del planeta, con especial interés en lo que ocurría en nuestro país, claro. No recuerdo exactamente cómo fueron los siguientes EGM, pero sí que al cabo de poco tiempo la situación había sido superada. Yo era un desconocido para la audiencia del mediodía y la empresa me ayudó con algunos *spots* con mi voz y mi nombre en determinados momentos de la programación.

Por entonces tenía, además, un jefe de Informativos extraordinario llamado José Cavero, con quien llegué a tener una gran relación profesional y personal. Nuestra complicidad era grande. Muchas veces al mediodía nos íbamos a comer con su familia en una casa muy cerca de Prado del Rey. Cavero era una hormiguita de la información, le gustaba conocer todos los datos y era muy pulcro a la hora de tratar con sus redactores. Siempre me ayudó. Un día me pidió que viajara a París a una reunión de la UER —la Unión Europea de Radiodifusión— para conocer cómo se hacía la radio todo-noticias en France Info Radio. Le traje un informe completo de contenidos y horarios de emisión, pero no se hizo nada con ello. Me fui antes de que pudiera ponerse en marcha una radio «todo noticias» en la emisora pública. La creación de Radio 5 Todo Noticias, que así fue como se llamó, solo pudo hacerse algunos años más tarde con otros informes y lo hicieron muy bien; siempre pensé que era una radio necesaria.

12

Cuando recibes la herencia de los mejores maestros

Todos estábamos aprendiendo muchas cosas en este país…, fundamentalmente eso de la vida sin tutores uniformados. Era la democracia. Todo marchaba sorprendentemente bien. Además, eran los tiempos de la mítica movida madrileña. Todo era especial en aquel tiempo. Se salía mucho por la noche; yo también, sobre todo cuando hacía el diario *Veinticuatro horas,* que terminaba muy tarde. Con la tensión de aquel informativo nocturno era difícil conciliar el sueño, así que recorría con otros los garitos de *jazz* o el Honky Tonk, donde había fantásticas actuaciones en directo, por ejemplo, Marité, la cantante de Rubi y los Casinos; sí, los de «yo tenía un novio que tocaba en un conjunto *beat*»… También pasaba por el Elígeme, de Malasaña, sala en la que tuve algún encuentro con Joaquín Sabina… En verano, los lugares más apasionantes para mí eran La Riviera, junto al río Manzanares, y la terraza con piscina del edificio del Hotel Plaza de España. También las verbenas de las Vistillas.

Madrid era una ciudad bellísima por muchos conceptos: por la gente tan hospitalaria, tan abierta, y por sus edificios monumentales que empezaban a ser iluminados de acuerdo con lo que era: la capital de un país con aspiraciones. El socialista Tierno Galván, el viejo profesor de Murcia, Salamanca y Princeton —represaliado por el franquismo—, era el alcalde de la Villa a la que sorprendía con sus bandos inigualables que siempre comenzaban con aquello de ¡¡¡Madrileños!!! Bandos que aparecían pegados en numerosos lugares de la capital y que eran leídos con satisfacción y algo de jolgorio. Eran los tiempos del Gran Wyoming y el Reverendo, de Gabinete Caligari, La Unión, Alaska y Radio Futura entre otros y sobre todo de Almodóvar. Los homosexuales habían dejado de ser perseguidos y la vida alegre y desinhibida se extendía y se extendía sin que desapareciera esa parte del Madrid tradicional que tanto sabor a pueblo otorga a determinados barrios, incluso del centro. Demasiada diversión para que fuera compatible con una vida que podríamos llamar formal. Bueno, el trabajo en RNE me daba mucha estabilidad en medio de aquella vorágine de acontecimientos.

Estaba muy tranquilo en la radio, sobre todo después de quitarme de encima algo que me agobiaba. Asunción Valdés, Chonín para nosotros, fue nombrada en 1983 directora del Telediario de las tres de la tarde y quería que yo fuera su presentador. Era la primera vez que alguien pensaba en mí para ese puesto y tomé muy en serio su proposición. Era una persona muy fiable, había sido nuestra corresponsal en Bonn y en Bruselas, era una gran europeísta y durante algún tiempo se ocupó de la oficina del Parlamento Europeo en España y de allí a dirigir la comunicación de la Casa Real, pero eso fue unos años más tarde. Inicialmente no le dije ni que sí ni que no, me tomé un tiempo para pensarlo y un día me acerqué al set del telediario de TVE, que estaba muy cerca de nuestra redacción de Radio Nacional, en Prado del Rey. Llegué unos quince minutos antes del inicio y pude ver los preparativos: el encendido de las luces y la llegada del presentador que previamente estaba por los pasillos memorizando o repasando las entradillas. Empezaba el informativo con la cuenta atrás, seguida de la sintonía y las piernas empezaron a temblarme. Me temblaron durante toda la emisión. Era consciente de que ese no era mi momento y se lo dije.

—No estoy preparado, Chonín. No puedo hacerlo…

—Seguro que sí… Es cosa de ponerte a ello. Es tan fácil como presentar un informativo de la radio, como estás haciendo, solo que con cámaras. Tómate un par de semanas y me dices.

—No… Te digo ya que no. He visto un informativo en directo desde el propio set. Es superior a mis fuerzas. Sería un fracaso para los dos.

Y no lo hice. Pensé que la oportunidad pasa una vez por tu puerta y no la aproveché. Tenía veintisiete años y la verdad es que lo de ponerme delante de una cámara siempre me provocaba una gran tensión. Es algo que me persiguió en determinados momentos de mi carrera profesional… Tuve que hacer muchos esfuerzos para conseguir superar ese síndrome del corazón a doscientos por minuto y la respiración entrecortada.

«Nunca más me harán una oferta de Televisión Española», me dije, y no me importó, pero una segunda propuesta llegó de nuevo con Pilar Miró en la Dirección General cinco años más tarde.

Era agosto de 1988, con un calor insano, cuando desde Televisión Española me invitaron a romper las vacaciones de verano para que contara en el programa matinal de Jesús Hermida cómo era mi trabajo en el informativo de las dos de la tarde en Radio Nacional. Propuse desde Albacete, donde literalmente nos asábamos de calor, que respondiera el subdirector del programa, que era Federico Tuya, pero desde la tele insistieron en que tenía que ser yo, así que dejé por un par de días las vacaciones —me dolía mucho separarme de mi hijo, al que tan poco veía por los horarios de esta profesión— y volví a Madrid. Yo no tenía la menor idea de qué iba todo aquello, pero el desenlace no tardaría en producirse.

El equipo de TVE venía capitaneado por Begoña Fernández, que entonces no se había casado todavía con Jesús Hermida; era su persona de confianza, su mano derecha, y se tomó muy en serio mi aparición en aquel programa matinal. Esta mujer había organizado todo para que la entrevista saliera de la mejor manera posible.

—¿Tranquilo?

—Sí, la verdad.

—La entrevista durará apenas unos diez minutos. Solo te van a preguntar cuestiones del día a día en un informativo de radio y eso lo sabes mejor que nadie.

—Bueno, vamos a ver…

Por aquel entonces yo tenía el pelo largo, en la radio no cuidábamos esos detalles. Nadie sabía, salvo mi entorno, cuál era mi aspecto. La radio todavía tenía el atractivo de la incógnita sobre cómo eran quienes hablaban a través del micrófono; una magia que, en mi caso, se iba a romper en esa entrevista con Hermida, que era la gran estrella de la televisión.

No me maquillaron ni nada de eso, pero Begoña me atusó el cabello y me indicó que me pusiera recto, que combatiera mi tradicional inclinación a agacharme provocada por una cifosis que venía de lejos, imagino que por timidez, por los años de estudio y por la costumbre de hablar hacia abajo al micrófono en RNE. Pero sobre todo por no hacer caso a mi madre cuando me pedía que caminara recto mirando al frente.

—En cuanto estemos a tres minutos de entrar te aviso —dijo Begoña.

—Vale…

—Enseguida te daré la cuenta atrás de entrada en el programa.

La verdad es que aquello me parecía totalmente natural…

—Cinco, sintonía y adelante… —pude escuchar.

—Buenos días…

—Buenos días…

—Así que tú eres el editor y presentador de ese diario hablado de Radio Nacional… Pensaba que tu aspecto sería el de un hombre más mayor…

—Ja, ja…

Me reí… Supongo que Hermida entró de esa manera para que todo fuera más sencillo… y lo logró. Estaba tranquilo, imagino que por su actitud me encontré como en mi propia casa. Solo veía e intuía a mis compañeros del informativo, muy pocos en agosto, pendientes de lo que decía. Quizá eso, la atención de todos ellos, era lo que más podía inquietarme; mucho más que la propia entrevista en televisión. Sabía que estaban pendientes muchos amigos y, por supuesto, mis padres y mi hermano, a quienes había avisado previamente. A partir de aquel saludo empezaron las preguntas... Las primeras, sobre cómo se hacía el informativo, cuántas reuniones teníamos, cómo se construía la escaleta.

—Son los responsables de cada área informativa quienes ofrecen los temas... Sean de política, de internacional, de sociedad...

—Y tú decides el orden en el informativo... ¿No?

—Bueno, no del todo, me gusta escuchar todas las opiniones y luego, con mi subdirector, vamos colocando cada noticia en el lugar que le debe corresponder en el informativo...

—Sí, pero el responsable eres tú...

—Formalmente y finalmente sí, pero es una responsabilidad compartida... —dije como yéndome por la tangente.

—Y hoy, ¿cuáles son las noticias más importantes o la más importante?

Pude leer alguna relacionada con problemas internos en Alianza Popular que su presidente, Hernández Mancha, calificaba de «minorías que hay que cohesionar». O la propuesta del alcalde de Ferrol para poner una valla protectora a la estatua de Franco, que había sufrido tres ataques. El alcalde quería protegerla, no quitarla... Y así fui relatando.

—Y de sociedad, ¿hay alguna más o menos relevante?...

—Ahora mismo, el anuncio de las vacaciones de los príncipes de Gales en Mallorca con los reyes de España...

—¿Podrías leerla?

Y empecé a leer directamente del teletipo. Leía mientras pensaba que ya llevábamos más de veinte minutos de conversación, desde luego mucho más de lo que nos había dicho Begoña. También pensé que no me parecía tan interesante para el público de la tele lo que en ese momento estaba diciendo. Fuera por el calor de agosto, que penetraba entre esos muros y esa inmensa cristalera a pesar del aire acondicionado, o por los focos o por la preocupación o por el cansancio, recuerdo que empecé a sudar y temí que las gotas cayeran sobre mi frente y eso fuera visible para el público del programa de Hermida.

—Bueno, Pedro, hemos terminado… Gracias por contarnos cómo es una mañana cualquiera en un programa informativo de radio… Buenos días.

—Buenos días y gracias a usted.

Inmediatamente vino Begoña…

—Ha quedado muy bien… Enseguida vamos retirando todo esto, que los de la tele llenamos todo con nuestros cachivaches.

—Quizá no tenía que haberle dicho de usted al final.

—Da lo mismo, eso no tiene importancia… Lo importante es que ha quedado todo muy bien… y que todos tenemos una idea más clara de cómo son los informativos de la radio…

—Ha sido más tiempo al final…, ¿no?

—Sí, bastante más, casi veinticinco minutos.

Nos despedimos y nos quedamos Fede, algunos redactores y yo charlando sobre la entrevista y de otras cuestiones cuando, pasado un cuarto de hora, no más, sonó el teléfono.

—La directora general quiere que subas a su despacho…

«Qué habré dicho para que me llame Pilar Miró a su despacho». Eso sí que me ponía un poco más nervioso. Eran apenas cuarenta metros de distancia y una escalera al piso superior… Llamé, su secretaria me hizo pasar y allí estaba la directora general. Era la primera vez que la veía de cerca. Recuerdo que tenía unas piernas muy largas o eso me pareció, y que me tranquilizó al recibirme con una sonrisa amplia. «No debo haber dicho nada incoherente», pensé. Me saludó con un hola qué tal, un beso y me hizo sentar en el sofá situado frente a la mesa de trabajo.

—¿Te gusta la televisión? Bueno, dicho de otra manera, ¿te gustaría hacer televisión? ¿Por ejemplo, un informativo?

Era muy directa. Le recordé que unos pocos años atrás Asunción Valdés ya me había propuesto algo así, pero que me dio miedo y dejé pasar la oportunidad.

—No estaba preparado —le dije.

—¿Y ahora lo estás?

—Bueno, creo que ahora tengo más experiencia… Pero no sé.

—Lo que queremos es que te hagas cargo de la edición y presentación del telediario de las ocho y media de la noche.

—¿Y cuándo tengo que dar la respuesta?

—Yo diría que ya… Pero antes tienes que ponerte en contacto con el director de Informativos.

—De acuerdo.

—También quiero decirte algo que quiero que tengas en cuenta. La cámara, si aceptas —dijo en un tono especialmente solemne—, no es un aparato cualquiera. No te hace fotografías;

te hace una radiografía. A la cámara se la puede engañar una semana, dos a lo sumo, pero enseguida te descubre. Sabe si eres sincero o no. Cuando estés ante una cámara no se te ocurra fingir, sé tú mismo, ofrece lo mejor de ti, mira directamente al objetivo, que es donde están los ojos del televidente. Si no es así, tarde o temprano fracasarás.

Hacer televisión, editar y presentar un informativo no estaba en mi horizonte. Era un sueño, pero también, cuando me paraba a reflexionar sobre ello, me atacaba la ansiedad. Pensaba más en las consecuencias negativas, en las presiones y en la crítica que en la oportunidad que aquello significaba profesionalmente. Mis amigos tenían más confianza en mí que yo mismo. Federico me repetía:

—Si quieres pasar momentos felices, no analices.

Los amigos de Albacete estaban incluso más ilusionados que yo…

—Te va a salir de puta madre, Perico. Ese día estamos todos allí para celebrarlo.

Me lo decía Manolo Jiménez, buen amigo mío y seguramente el mejor locutor de radio en mi ciudad… Yo, en cambio, empezaba a mortificarme y a pensar no en la ilusión, sino en que la tele no debía ser el objetivo de nadie ni, por supuesto, el mío. Ese Pepito Grillo del temor y la desconfianza iniciaba su trabajo. En cualquier caso, como me sugirió Pilar Miró, me fui a hablar con el jefe de Informativos, Julio de Benito, que estaba de vacaciones en La Manga del Mar Menor. Le vi a lo lejos, como una sombra en el atardecer de esas aguas llenas de quietud y haciendo *windsurf* lento, lentísimo con un puro en la boca. Nos fuimos a una cafetería y allí me explicó que una especie de sanedrín se había reunido mientras Hermida me entrevistaba, que había dos candidatos para hacer el informativo: Rosa María Mateo, para mí la mejor presentadora de la televisión pública, y yo… Al final primó la opinión de Pilar y fui el elegido. Todo estaba dispuesto para un cambio radical en mi vida profesional. Desde luego le echaron narices al elegir la aventura que yo representaba al valor largamente probado de Rosa María.

—Pilar estaba segura. Hermida la apoyó y también Sahagún —dijo Julio.

—¿Cuántos estaban reunidos? —pregunté.

—En el despacho de Pilar solo ella, Jesús Martín, Hermida y yo…, pero había otras personas pendientes en distintos despachos siguiendo la emisión a quienes también se consultó.

—¿Y qué decían?

—No fue fácil, algunos querían apostar sobre seguro y nombrar a Rosa María. Pero fue Pilar, apoyada por Hermida y Sahagún, como te digo, los que defendieron que había que dar un cambio radical.

—Y usted…

—Yo he apoyado a Pilar siempre. No me llames de usted. ¡Tienes que aprovechar! —me dijo Julio.

—¿Y del trabajo? ¿Qué esperáis de mí?

—Que hagas lo que estás haciendo ahora en RNE, pero en imagen. No es muy diferente.

Pasé por un periodo de entrenamiento en los estudios de Televisión Española, en el Pirulí. Jesús Hermida, en connivencia con Miró, se encargó de instruirme para que no fracasara frente a la cámara… Cómo debía sentarme para que el traje no me hiciera arrugas, cómo mirar al objetivo, cómo hacerme con el escenario, cómo hacer para que todo se desarrollara con naturalidad, cómo actuar ante los imprevistos… Hermida se había convertido en mi tutor y creo que lo pasamos muy bien con aquellas prácticas aceleradas. Ambos éramos puntuales para iniciar los ensayos. Una prueba tras otra que solo se detenía para comer. Almorzábamos juntos en el comedor y así un día tras otro durante dos semanas. Jesús quería que me paseara por el set, que viera la disposición de los focos, que me sentara sobre la mesa y que volviera a la silla y que estuviera allí el tiempo necesario para familiarizarme con todo, absolutamente todo lo que me rodeaba. Prueba tras prueba, con la compañía de María San Juan, que también participaba de mis ejercicios como *partenaire* frente a la cámara, simulando que hacíamos un telediario en serio. Cada día que pasaba, Hermida y San Juan ponían freno a los malos augurios que aún quedaban en mi cabeza.

En un momento determinado, Jesús se abrazó a una de esas cámaras inmensas de los informativos con su *teleprompter* incorporado, y mirándome fijamente a los ojos me preguntó:

—¿Esto qué es?

Estaba claro que era una cámara, pero en ese momento pensé que él esperaba de mí algo más, una definición casi filosófica de ese artilugio… Durante unos segundos no respondí hasta que al final, con un hilo de voz, dije como preguntando:

—¿Una cámara?

—Sí, es una cámara. Pues bien, esto «te tiene que enamorar, te tiene que excitar».

Y le entendí perfectamente. Aquel instrumento era algo más que un aparato con un enorme objetivo, ruedas, cables y conexiones eléctricas. Era un artefacto para la transmisión de imágenes, pero en cierto sentido también para convencer, para crear confianza con los espectadores. Era el nexo entre el presentador y el público y me tenía que enamorar; sí, definitivamente. Tenía que gustarme tanto… casi como él decía. Había que mirar al objetivo con intensidad, sabiendo que detrás de él estaban los ojos de miles, a veces de millones de personas que confiaban en lo que desde este otro lado les estábamos diciendo.

¡Qué grande Hermida! ¡Cuántas veces le he recordado! Y en todas las etapas… Incluso al final de mi vida activa en los informativos, cuando ya pensaba dejar la televisión porque había recibido unas cuantas señales de que ya era hora de hacerlo. En ocasiones, en mis últimos noticiarios en Telecinco, cuando me sentaba en el sillón de maquillaje y la maquilladora me decía «hoy se te nota cansado», yo pensaba o le decía que no importaba porque cuando se encendiera el piloto rojo y tuviera que empezar a hablar, me acordaría de Hermida y su «esto te tiene que excitar…». Pero el cansancio no era solo físico por las horas o los años de trabajo… Estaba cansado de muchas cosas más; estaba cansado de casi todo. Creo que tenía estrés acumulado y casi sesenta y ocho años.

Pero no todo en la televisión era la cámara o encontrar un estilo propio. Los informativos planteaban muchos desafíos.

Había que hacer algo diferente a lo que hacía en la radio porque aquí prima la imagen. Fui cambiando algunas cosas, por ejemplo, en la forma de distribuir las noticias por la escaleta. Había un modo de hacer basado en la escuela tradicional y en las enseñanzas de la facultad según el cual había que seguir un orden decreciente como de pirámide invertida; así la llamábamos. En Radio Nacional habíamos empezado a hacer una sucesión de esas pirámides para mantener el interés del oyente a lo largo de toda la emisión. Después de ocho minutos de información y ante la posibilidad de un decrecimiento de la audiencia, introducíamos un punto musical de separación e incluíamos una noticia destacada para recuperar el tono; así sucesivamente, y terminábamos con un relato especialmente interesante, lejos de la información política o la de sociedad y sucesos, y ese fue también el formato que empezábamos a hacer en el telediario. El cierre solía ser un asunto amable, generalmente, para poder invitar a los oyentes a que al día siguiente estuvieran con nosotros porque, a pesar de las malas noticias, la vida continuaba.

Yo imaginaba que tenía que ser como una sinfonía clásica, con un primer movimiento de obertura seguido de otros tres con su minueto o su *allegro molto vivace* para terminar...

Es curioso, pero mientras escribo esto de terminar con un tema llamativo y amable recuerdo un libro. Se titulaba, bueno, se titula, porque está en las librerías, *Divertirse hasta morir. El discurso público en la era del* show business. Los americanos ya hablaban de esto sesenta años atrás. El autor, Neil Postman, recordaba la incongruencia de que, tras una serie de tragedias consecutivas, por aquello de que solo las malas noticias son noticia —*good news no news*—, el presentador de turno invitara a la audiencia a volver al día siguiente para que pudieran ver una nueva colección de desastres. En aquellos tiempos, Neil Postman ya hablaba de cómo la acumulación de contenidos provocaba un «auténtico descontrol» al ciudadano, con lo que la información llegaba a resultar inútil. Es decir, se anticipaba mucho a la desinformación que estamos padeciendo en los últimos años y eso que entonces, sin redes sociales, los bulos y las mentiras no podían tener tanta difusión como ahora. Suelo recomendar ese libro, tan antiguo y tan moderno a la vez, a los jóvenes periodistas.

En cualquier caso, aquella televisión siempre fue un terreno minado… Había muchos intereses en torno a ella… Intereses políticos del Gobierno, intereses de la oposición con sus reiteradas quejas y las de los partidos minoritarios porque salían poco. También quejas de los empresarios y de los sindicatos. Todos querían más. Yo procuraba no comprometerme con nadie y seguir adelante con lo que creía que tenía que hacer, lo que me procuró unos cuantos disgustos. A veces caíamos en la tentación de provocar —eso sí, con certezas, sin inventarnos nada— como hicimos con un reportaje dirigido por Charly Estévez sobre el campo de tiro de las Bardenas Reales, en Navarra, en el que el ministro de Defensa, Narcís Serra, aseguraba que en las maniobras no se utilizaba fuego real. En la siguiente imagen aparecía el terreno con socavones y unos cuantos conejos muertos, quemados. Llamada a capítulo en el despacho de Julio de Benito.

—Sois unos irresponsables.

—Todo lo que salía era cierto… Lo han grabado nuestros reporteros. Nadie se ha inventado nada.

—No tenéis cabeza…, joder. A ver si pensáis un poco.

Habíamos conseguido alterar a nuestro jefe de Informativos, que era un buenazo, y a alguien del Gobierno, según parecía. La verdad es que para nosotros se trataba de hacer información, aunque también tuviera algo de provocadora, como un juego de *enfants terribles.*

En TVE la lupa de los agravios era más vigorosa que en Radio Nacional, y en este caso aquel atrevimiento no había pasado desapercibido para nadie. Más tarde empecé a mostrar objetos en la pantalla, supongo que había visto algo así en alguna televisión de Estados Unidos. Por ejemplo, la pequeñez del primer chip de comunicaciones, de apenas un centímetro cuadrado y que se veía aún más empequeñecido en la palma de mi mano, tan ancha que abierta parecía la de quien utilizaba la pala o el azadón. O cuando sacamos en la mesa del informativo las maquetas que competían para hacerse con el proyecto del futuro tren de alta velocidad, el AVE.

—Jueguecitos en pantalla, no —me decía por teléfono una Miró sorprendentemente cortante.

—Pilar, no hemos apostado por ninguna empresa ni nada por el estilo, solo queríamos que el público viera de cerca los trenes en los que viajarán en el futuro o en los que podrían viajar…

—Ya te lo he dicho, jueguecitos en pantalla, no.

Y nunca volvimos a hablar de ello. Me dio pena porque las maquetas habían sido conseguidas por el jefe de Economía y su equipo, y eran realmente una exclusiva. En aquellos meses conocí la queja desde la política y otras cuestiones que podían afectar más o menos a los informativos. También supe lo que era el miedo escénico. Lo que tanto había temido antes de empezar en la televisión, se produjo finalmente.

13

CUANDO DEJAS DE SER TUYO
PARA SER DE LOS DEMÁS

No es algo particular, le ha ocurrido, le ocurre y le ocurrirá a mucha gente… Mi vida, como la de otros, sobre todo de los que trabajan o actúan de cara al público, es un continuo diálogo con nosotros mismos acerca de cómo superar con algo de valor todo tipo de fragilidades. Bueno, he conocido gente que se atreve con todo. En mi caso, sin embargo, creo que siempre he tenido que hacer un esfuerzo extra para no ser superado por los acontecimientos y siempre también me he visto pequeño con respecto a las ofertas de trabajo que suponían un ascenso. Todo han sido pruebas que me han permitido un cierto crecimiento, también en lo personal. Ahora que me he retirado lo agradezco.

Me ocurrió cuando Fernando Delgado me ofreció pasar de la redacción de internacional a dirigir los informativos de fin de semana de RNE. Tuve que ponerme a estudiar como un loco todo tipo de cuestiones referidas al sistema político, la Constitución, los órganos de poder, los sindicatos y el funcionamiento de la patronal… Los nombres de todos los que tenían algún tipo de responsabilidad…, sus declaraciones en medios. Todo. No vivía. Me faltaban horas para el estudio y dormía poco.

Hasta ese momento trabajaba en la redacción de internacional y había empezado una especie de máster sobre Oriente Medio. De hecho, había viajado recientemente por algunos Estados de la zona y fui como enviado especial a Abu Dabi con motivo de la fundación del Consejo de Cooperación del Golfo, cuando los países de esa organización temían por su seguridad después de acontecimientos como la guerra irano-iraquí, el crecimiento del poder de los ayatolás y, por supuesto, el eterno conflicto entre israelíes y palestinos. Me abría camino en la información del exterior, que me encantaba, y aquel paso a la dirección de un informativo me parecía muy grande y precipitado. Luego supe que esa es una sensación compartida por muchos a quienes les ofrecen un ascenso o un cargo que implique una mayor responsabilidad. Lo cierto es que todavía en esos años se estaban reformando estructuras heredadas de la etapa anterior. Alguien, en este caso el director Fernando Delgado, había decidido que entrara en ese engranaje que pretendía definir una nueva etapa.

Temía defraudar. Siempre he temido defraudar porque entre mis «valores» estaba esa inseguridad que tanto me hizo sufrir durante toda la vida profesional. Sin embargo, fui pasando de un puesto a otro en la radio; del informativo de fin de semana al *24 horas* y de ahí a *El Parte*, el diario de las dos de la tarde, en lo que me parecía un camino demasiado rápido y a veces difícil de asimilar.

Pero el paso de RNE a TVE fue lo que viví con más agobio. 1988 era el año de mi llegada a la televisión pública, en concreto fue el 3 de octubre. Aquel día me desperté con un titular en el diario *El País*: «Ojalá se fundan los plomos esta tarde en Torrespaña», con el que expresaba mis sentimientos ante el debut. Me había entrevistado José Miguel Contreras, quien con esa frase puso en evidencia el miedo al primer día en pantalla; en realidad, el miedo al fracaso. Lo de los plomos se lo dije fuera de la entrevista, pero le pareció un buen titular y lo utilizó. La verdad es que había llegado a la televisión sin que ese trabajo estuviera en mi carta de peticiones al futuro y ahí me encontraba, al borde de la fama y de todo lo que eso pudiera conllevar. Para mí el problema era aparecer en pantalla, no la edición de un informativo.

TVE dominaba el panorama televisivo y las primeras emisoras autonómicas contaban con una audiencia muy pequeña todavía. Los días anteriores los había pasado haciendo esas pruebas de cámara con Hermida que ya he contado y unas semanas antes casi encerrado con mi amigo Federico, intentando encontrar una cierta tranquilidad y planteándonos qué era lo que podíamos hacer con el informativo. Estuve leyendo de todo y me hice con grabaciones de los informativos españoles, pero también de los de Francia, Inglaterra y, sobre todo, de los norteamericanos.

Todos esos noticiarios eran muy parecidos, pocas cosas se podrían innovar. Televisión Española había dado pasos muy importantes y no era una televisión —en la era Miró— con ningún tipo de complejos. Lo peor era enfrentarme a la cámara cuando, además, venía precedido de una polémica que no había tenido demasiado en cuenta: el cese de mi predecesor, Luis de Benito, tras una bronca descomunal con la directora general por la duración de una entrevista a Felipe González. Ella quería más tiempo… y él la hizo más corta. Pregunté directamente a Pilar por el asunto; me preocupaba tener un problema por cuestiones editoriales. Ella intentó tranquilizarme con un «no volverá a pasar, era una cuestión de caracteres. No era el primer choque que teníamos», dijo.

—El presidente es ajeno a esta cuestión que es puramente personal, entre Luis y yo.

El asunto me preocupaba. «A ver dónde me he metido…», me decía a mí mismo. Luis, además, había sido compañero mío en RNE, donde hacía un magnífico programa informativo a primera hora de la mañana; un clásico: *España a las 8.*

Las relaciones con Pilar fueron, sin embargo, absolutamente normales. Me hizo saber que, si había algo que me preocupara, debía llamarla directamente, y me dio sus números de teléfono. La verdad es que no hubo mayores tensiones entre nosotros en los pocos meses en que estuvimos juntos, salvo las derivadas de un periodo lleno de acontecimientos inesperados y a veces graves. Teníamos reuniones semanales en las que participaban, entre otros, los responsables de Informativos, Julio de Benito y Eduardo Alonso, también Jesús Martín, director de TVE, Jesús Hermida… y algunos más. Con todos ellos tuve una excelente relación; era un equipo muy cohesionado y con la sensación de que estaban allí para cambiar el modo de hacer televisión. Eran encuentros en los que Pilar Miró llegaba a preguntar uno a uno qué es lo que haríamos en cada una de las situaciones que se producían… Dábamos nuestra opinión y luego ella tomaba las decisiones de acuerdo con su modo de pensar y hacer. Era un mundo nuevo para mí.

La televisión era entonces el centro de todo y, casi sin darme cuenta, me había subido a ella. Lo que sí percibí y de forma inmediata es que, en las esferas del poder —y a cualquier otro nivel—, eran muchos los que querían salir en aquella tele, que era, realmente, la única. Había presiones, seguro, aunque no las sentía directamente. Venían del Gobierno, pero también de la oposición. Los minutos de telediario eran oro para ellos y miraban nuestro trabajo con el reloj en la mano. Recuerdo el caso de un dirigente socialista que me llamaba alguna vez a la redacción para contarme sus iniciativas y sus propósitos; yo lo entendía como una especie de presión de baja intensidad, pero el asunto me incomodaba y echaba balones fuera con el argumento de que tenía unos jefes por encima. Él insistía e incluso planteaba cuestiones como que hablara con Pilar porque «la había felicitado el día de su cumpleaños y el día de su santo y no había obtenido respuesta alguna». En una de nuestras conversaciones, el asunto salió a colación y le conté a ella lo de las felicitaciones.

—Mira, bastante tengo con las llamadas del Gobierno como para atender a otros.

No hubo más, y aprendí que, en esto de los informativos de televisión, cuanto más lejos de la política, mejor; cuestión de supervivencia.

Otra vez fue Rodríguez Sahagún, desde el CDS, quien elevó una queja pública en el Parlamento porque, según decía, «habíamos hecho desaparecer a Adolfo Suárez de los informativos». Dio la casualidad de que ese día el expresidente centrista dio una rueda de prensa importante y pedí que se hiciera una información con varias de sus declaraciones. No debí decir, sin embargo, lo que dije cuando terminó el vídeo.

—Ahí tienen una información muy completa de lo dicho por el expresidente... Como ven, el señor Suárez aparece en Televisión Española.

Algo que sentó fatal a Rodríguez Sahagún, que emitió una queja a la directora general. Nueva llamada y nuevo aprendizaje. Entre unas cosas y otras supe que aquello de la tele en esos tiempos era un laberinto de problemas. Quise que, aun en la distancia, hubiera una cierta «conllevanza» y así fue casi siempre, o eso creía. Luego sí que he tenido relación, incluso cercana y a solas, con dirigentes de partidos, algunos CEO de empresas del IBEX 35 e incluso con el presidente del Gobierno y con expresidentes, pero una vez abandonada la televisión; cuando ya no tenía que informar sobre ellos. Prefiero saber antes que no saber, pero también no ser influido.

En general, todo marchaba más o menos correctamente, casi sin sobresaltos, aunque muy pronto empecé a sufrir las consecuencias de estar situado en el centro de las miradas de muchos. Había llegado al mundo de la fama sin haber soñado con ello y con una incapacidad inicial para decir una palabra fundamental: no. Todo aquello me sorprendía y me inquietaba, tenía que aprender muchas cosas. Poco a poco me fui haciendo bastante huraño socialmente hasta convertirme en una especie de desaparecido. Eso de la popularidad me superaba, empecé a salir muy poco y se acabó eso de alternar y hablar en *pubs* o escuchar música en el Balboa Jazz con copas y mucho humo...

14

Cuando aprendí
que el miedo escénico existe

Aquel año de 1988 no fue bueno para el presidente del Gobierno. Fue un año de conflictos crecientes y la televisión pública era el epicentro de todos los seísmos que sorprendían y atribulaban a los responsables del Ejecutivo y, especialmente, a Felipe González. El asunto más preocupante era la huelga general que debía celebrarse el día 14 de diciembre, el 14D. Los sindicatos habían declarado la guerra al presidente por una política laboral que detestaban... El motivo principal era la cobertura legal del Gobierno a los contratos temporales para jóvenes de entre dieciséis y veinticinco años con importantes exenciones para las empresas. Para las centrales, la introducción de esa medida era inadmisible porque garantizaba la precariedad, y la tensión se hacía cada vez mayor conforme se acercaba el día de la convocatoria. Nadie estaba dispuesto a ceder y los sindicatos ya habían expresado que «ni un paso atrás» y no les importaba siquiera que el Gobierno de izquierdas cayera como consecuencia de la movilización...

Y llegó la víspera del 14D. No había marcha atrás por ninguna de las partes enfrentadas. La huelga estaba a punto.

El día 13 de diciembre todo fueron reuniones, de los representantes de los trabajadores por un lado, del Ejecutivo por otro, mientras desde la patronal se observaban las cosas como con distancia.

—Es cosa del Gobierno socialista con sus sindicatos de izquierda. Que se las apañen.

Los puentes se habían roto. En la televisión pública multiplicamos las reuniones por lo que pudiera pasar, mientras la parte técnica avisaba de su intención de cortar la señal a las cero horas del día 14 y contribuir con ello al éxito de la convocatoria. En una de las reuniones, Pilar Miró preguntó por los servicios mínimos y si eran suficientes para mantener la emisión. Nadie podía garantizar en esos momentos que la programación siguiera adelante. En un momento concreto, alguien propuso poner un distintivo para reconocer a quienes habían sido convocados de forma que se impidiera la entrada al resto. Pilar nos miró y vio las miradas de desacuerdo con la medida, entre ellas la mía. Entonces, como si se tratara de una ocasión solemne —yo al menos la recuerdo así— dijo:

—Soy la directora general de esta empresa pública. Tengo la obligación de intentar y de garantizar que la emisión discurra con toda normalidad. Estoy haciendo todo lo posible para ello, pero no tomaré ninguna medida que pueda considerarse ilegal para conseguir mi propósito.

Estuvimos reunidos en el despacho del subdirector de los Servicios Informativos, Eduardo Alonso. Pilar, Julio, el propio Eduardo, Luis Mariñas, que presentaba el telediario de las tres de la tarde, y yo mismo. Pocos minutos antes de que dieran las doce, Torrespaña se fue llenando de trabajadores, todos ellos partidarios de la huelga general... Realmente era un piquete compuesto por más de trescientas personas. Pocos segundos antes de las cero horas escuchamos cómo gritaban la cuenta atrás... Seis, cinco, cuatro, tres, dos, uno... ¡Cero! La señal del directo se apagó y las palabras de Olga Barrio, presentadora de la última edición, se desvanecieron. Solo con eso, la huelga había triunfado. Pilar Miró se levantó de su asiento y se fue a no sé dónde seguida por el jefe de Informativos; el *hall* del edificio de Torrespaña era un hervidero de compañeros exultantes por la acción llevada a cabo.

Sí, el cierre de emisión, decidido desde la técnica, con la presión del piquete y de muchos otros trabajadores, abrió la puerta al triunfo de la huelga en toda España... Poco a poco se acabaron los transportes públicos, los taxistas hacían sus últimos servicios y los bares echaban el cierre. En las primeras horas de ese día 14 de diciembre, miércoles, las fábricas estaban vacías; nada funcionaba en España, salvo las emisoras de radio que daban cuenta del éxito de los paros y la consiguiente derrota de Felipe González, que gobernaba todavía con mayoría absoluta. Las calles eran lo más parecido a las de la pandemia de COVID que sufriríamos muchos años después o a determinados fotogramas de la película *Abre los ojos,* de Alejandro Amenábar...

Pero quedaba algo por resolver, el asunto de la información de la huelga en la televisión pública. Las únicas negociaciones de aquel día entre Gobierno y representantes sindicales, con Pilar Miró, se refirieron a este punto. Todos acordaron que hubiera un solo telediario, el de las ocho y media de la noche, justo el que yo editaba y presentaba. Las indicaciones eran claras: solo habría información de la huelga general y de las manifestaciones que en ese momento se estaban celebrando con grandes pancartas por toda España, las más numerosas en Madrid y Barcelona, y sin ocultar en ningún caso la magnitud del éxito de las centrales… Sí, la huelga había triunfado y me tocaba informar de ella bajo la atenta mirada de los dirigentes sindicales de UGT y de Comisiones Obreras… También el Gobierno estaba pendiente, y, por supuesto, Pilar Miró… No solo ellos, millones de personas que con el cierre absoluto de las empresas del país no tenían mayor cosa que hacer que mirar a la televisión, si es que no participaban en las convocatorias de esa tarde noche.

Viví aquellos momentos con una sincera preocupación… Salir a escena en esa situación es un trago que no se lo deseo a nadie. Lo estaba pasando fatal, por más que respondiera con un «bien» a todos los que me preguntaban por cómo estaba. No. No estaba animado. Para nada. Pero había que hacerlo. Recordaba que el día de mi debut en televisión, dos meses antes, pensaba que me tendrían que sacar en camilla si me daba un síncope. Me reí con esa ocurrencia, que me hizo superar el trance, pero esto otro era bien diferente. En este caso importaba mucho lo que decía y cómo lo decía, cuánto tiempo dedicaba a las reacciones de los sindicatos y cuánto a las del Gobierno, si aparecían más o menos testimonios en favor de la huelga… Ah, ojo con las cifras de participación en las movilizaciones y cuidado, mucho cuidado con esbozar una sonrisa en un momento inoportuno. Finalmente, el texto en cuestión que originó la huelga fue retirado, pero esa derrota del Gobierno no terminó en crisis y convocatoria de elecciones anticipadas. Eso sí, aquel paro del 14 de diciembre de 1988 impidió que se consumara oficialmente la temida precariedad laboral. Eso llegaría más tarde.

Mientras escribo esto, recuerdo una escena que tiene algo que ver con mi sufrimiento de aquel día; dicho con alguna exageración y un tanto de ironía, claro está. Ese «algo» tenía un punto tragicómico. Me refiero a la película *El verdugo,* de Luis García Berlanga, y a ese momento en que Pepe Isbert, el verdugo cesante, trata de animar a su yerno —Nino Manfredi, el verdugo entrante— para que acudiera sin temor, sin nervios a la ejecución de un reo porque, según aseveraba, «llegará el indulto, siempre llega», con lo que supuestamente no tendría que proceder a dar la vuelta letal al hierro del garrote vil. Pero la medida de gracia no fue aprobada y se vio obligado a cumplir con su trabajo…

La ejecución no se ve en la película, pero la escena en la que Manfredi es llevado por varios funcionarios de prisiones casi a rastras por las axilas y en situación de desmayo hacia el cadalso para que ejerciera su función es una de las mejores del cine mundial. En la ensoñación de mi memoria me veo como él, como Nino Manfredi, con varias personas agarrándome de las axilas para llevarme arrastrado hasta el set del informativo. Pero la cosa no fue para tanto. Realmente, casi nada es para tanto. Todo era exagerado en mi imaginación y el recuerdo de cómo fueron las cosas me permite, a día de hoy, esbozar una sonrisa y explicar a los jóvenes periodistas que los de la tele, por muy afamados que sean, no dejan de ser personas con las mismas debilidades y con las mismas posibilidades de superación que las demás.

Era consciente del momento, consciente de que ese día me jugaba el prestigio personal y el de la televisión pública porque la información de la huelga general no era como hacer el telediario de todos los días; era algo mucho más importante. El caso es que salí adelante; con alguna dificultad, pero adelante. He vuelto a ver «la escena», el inicio de aquel informativo del día 14 de diciembre de 1988, y he visto a un hombre joven, aparentemente resuelto, al que no le falló la voz, pero sí que se le quedaba como agarrotada en el cuello sin volumen, sin convicción. Podía respirar, pero no demasiado bien…, y su cuerpo se encorvaba ligeramente hacia delante conforme pasaban los segundos. Era el miedo escénico, aunque visto con el paso del tiempo resultó menos dramático de lo que yo creí en su momento. Hoy lo encuentro hasta cómico.

Ese temor al directo me marcó durante muchos días de mi vida. Al salir del set de informativos, los sindicalistas me estrecharon la mano, recuerdo desde luego a Antonio Gutiérrez, secretario general de Comisiones Obreras, y con el que he mantenido un trato más o menos regular. Mis compañeros me miraron con tranquilidad y Pilar Miró me dio las gracias y un beso. Nadie sabía lo que sufrí esa noche. Desde aquel momento, el miedo a las primeras palabras cuando daban el «dentro» me golpeaba como una amenaza casi permanente.

Llegó el punto en que, ante ese penar, pensaba que mi incursión en la tele podría tener el tiempo de un suspiro, pero no debía dejarme arrastrar por ello; tenía que luchar contra aquellas sensaciones… Fui a una sicóloga seguidora de la corriente Gestalt que me hizo revivir aquellos momentos con la idea de que la repetición imaginada de los hechos, y una cierta comicidad, me hicieran olvidar todos los temores… Y me ayudó, vaya que si me ayudó; tanto que he seguido en la televisión treinta y cuatro años más. Entre otros ejercicios me propuso que escribiera en el primer folio del informativo frases como «me quiero y me valoro» o «esto va a salir de maravilla o de puta madre», además de alguna otra que no me atrevo a repetir. El caso es que ese primer texto del informativo venía adornado de tantas frases absurdas que procuraba romperlo en cientos de pedazos antes de arrojarlo a la papelera para que no pudieran recomponerlo o descifrarlo los encargados de la limpieza. También hice algo por mi parte, como cosecha propia, y deseché aquel «buenas tardes» tradicional con el que los presentadores empezábamos los informativos y en lugar de un primer texto leído a cámara procuré poner una imagen del día. Era más impactante que mostrar mi rostro tarde a tarde; de paso, aquella solución me permitía respirar si venían mal dadas o volvía el fantasma del miedo escénico.

15

Cuando separé los hechos de las emociones

Pilar Miró ya era una destacada directora de cine cuando el presidente del Gobierno, Felipe González, le encargó la dirección de la radiotelevisión pública. La verdad es que estuvimos muy poco tiempo juntos. Solo unos meses, los tres últimos de 1988 y el primero del 89, en los que, aparte de acontecimientos como la huelga general del 14 de diciembre, el 14D, ella fue objeto de una dura persecución porque había cargado gastos de ropa de uso personal en el apartado de vestuario, en el que formalmente solo aparecían los de presentadoras y presentadores. Podía haberlo hecho en gastos de representación porque, a fin de cuentas, se trataba también de eso; prácticamente ella solo vestía camisetas, camisas y vaqueros, pero ya en la dirección de RTVE tenía que representar al ente público en multitud de eventos, galas, etc. La muy obstinada —carácter militar, decían, heredado de su padre— decidió hacerlo de esa manera, cargarlo en gastos de vestuario, y las sospechas de que algo irregular podía estar ocurriendo se extendieron rápidamente.

Mirado con perspectiva no se trataba de nada que pudiera

ser considerado como un caso de corrupción, sino un encaje anómalo de una partida en un apartado que no correspondía. Aquello avivó una guerra entre el Partido Popular y el PSOE y entre socialistas felipistas y los guerristas, que nunca amaron a la «muy independiente Pilar», todo lo contrario. El asunto tomó cuerpo cuando empezó a ser denominado como el caso de los Trajes de Miró. Además, era muy fácil hacer la traslación «mujer, vestidos, gratis» para que nadie, absolutamente nadie, le echara una mano y que todo aquello desembocara en un gran escándalo.

Fue condenada desde el principio en una especie de juicio popular sin sentencia. ¿Ensañamiento? Sí, ensañamiento y un tanto de mala uva. La dirección de Informativos no quería que se dijera nada de esto en los telediarios. Los máximos responsables del departamento consideraban que se trataba todavía de un asunto interno, pero el malestar iba creciendo y la persecución y los titulares se amontonaban en los resúmenes de prensa hasta convertirse ya en una cuestión política. Un día, el entonces secretario de organización de los socialistas, Txiki Benegas, aludió a que Pilar Miró debía dimitir. El asunto empezaba a ser demasiado público como para mantenerlo en el apartado de la discreción. En medio de la vorágine, Pilar y yo hablamos del asunto.

—¿A ti qué te parece todo esto?

—Pilar, creo que ya hay que dar la noticia cuanto antes.

—¿Por qué lo piensas?

—Porque Benegas —entonces secretario de organización del PSOE— ha dicho que tienes que dimitir por este asunto. El caso no se puede tapar.

—¿Qué dice Julio?

—Ya sabes. Julio te quiere mucho e intenta protegerte, pero creo que mantenerlo en el silencio es malo para nuestros informativos y para ti…

—Déjame cinco minutos. Enseguida te llamo.

Supongo que haría sus indagaciones, esas ruedas de contactos que tanto le gustaban antes de tomar una decisión. Siempre escuchaba; luego, cuando tenía una idea clara, se ponía la ropa de camuflaje, el casco y el escudo y se lanzaba a defender lo que finalmente había decidido. Seguro que habló con Julio de Benito, con Jesús Martín y con Hermida, en quienes confiaba plenamente. Al cabo de unos minutos, no sé si fueron diez o quince, me llamó.

—Dalo. Pero con una condición.

—¿Cuál?

—Informa de ello, pero como si no se tratara de mí. No pienses en mí con compasión. Dalo como si se tratara de cualquier otra noticia.

No le tembló la voz. Era fuerte aun en su aparente fragilidad. Y di la noticia con una cierta compasión, por supuesto, sin ensañamiento de ningún tipo; conté aquello como se cuentan muchas de las cosas que nos rodean y que debemos contar, aunque nos duela. No se podía esconder por más tiempo.

Al día siguiente, en alguna parte del periodismo, se interpretó que habían ganado los guerristas, incluso alguno con maldad cierta llegó a escribir que yo era guerrista. No sabían o no querían saber que aquello se hizo así por decisión de una persona honorable y valiente. Fue procesada; incluso una asociación de trabajadores, técnicos y cuadros de RTVE, se presentó como acusación particular pidiendo para ella catorce años de prisión. Para ese momento Pilar Miró había devuelto de su bolsillo la mayor parte de los gastos de vestuario realizados. Finalmente, el juez no encontró delito alguno en su actuación y fue absuelta. El diputado popular que inició la investigación y la casi persecución, Luis Ramallo, llegó a decir, pasado el tiempo, que no vio que Pilar fuera consciente de cometer un delito. Así fue el final de Pilar Miró en Radio Televisión Española. Su vida allí fue como su película *El crimen de Cuenca,* que narra las torturas padecidas por dos hombres en la provincia castellanomanchega por un delito, un homicidio que nunca habían cometido. Al final, el muerto apareció vivito y coleando en una localidad cercana. Nadie pudo quitarles, sin embargo, el tiempo de cárcel ni el dolor de las torturas para confesar lo inconfesable.

Todavía, en medio del ataque desmedido que siguió a su cese, nos vimos algunas veces en un restaurante cercano a la calle de Velázquez; un restaurante de cocina cántabra —La Corralada— que a ella le encantaba. Una noche estuvimos hablando del rodaje de *Beltenebros*…

—Podrías acercarte y te doy un pequeño papel.

—No me veo.

—Por lo menos te pasas un día por el rodaje. Lo mismo te animas.

Me contó la historia de *Beltenebros*. Una película basada en la novela de Antonio Muñoz Molina y que estaba rodando con Terence Stamp, Patsy Kensit y José Luis Gómez. Narraba la historia de un activista inglés que luchó del lado de la República española, que es contratado para dar con el paradero de un infiltrado que está causando estragos con sus delaciones en el Partido Comunista, en la clandestinidad, y matarlo…

—Si no quieres un papelito, puedes decirme qué música pongo —dijo con esa ironía de la que hacía uso cuando se encontraba confiada.

—¿Música?

—Sí, ahora que cantas en el programa de *Telepasión española.* Con tu amigo Jordi García Candau…

Era cierto: había cantado un tango, *Cambalache,* en aquel programa de Navidad y Jordi, nuevo director de la casa, era amigo mío… Incluso me había recuperado para los telediarios después del paso de Luis Solana, que me cesó del TD2 para llevarme a un nuevo programa matinal llamado *Buenos días.*

El caso es que sí, había cantado y finalmente le di a Pilar un título: *El día que me quieras,* el tango que fue grabado por Carlos Gardel en 1934. La letra era una preciosidad basada en un poema de Amado Nervo. Pero le dije…

—Sin la voz, sin la letra. Solo la música.

Era una pieza musical que definía un pasado; así lo entendía yo. Probablemente una canción que era familiar en toda América y en Europa desde los años treinta. Un día, meses más tarde, recibí un mensaje en el contestador de mi casa, de aquellos que tenían una pequeña cinta magnetofónica. Era su voz que decía:

—Estreno *Beltenebros.* Te dejo dos buenas entradas y verás algo que recordarás toda tu vida.

Llegado el día fuimos al cine. Era en la Gran Vía. Las localidades estaban en el centro de la sala, en una buena fila. En un momento determinado, cuando el protagonista, Darman, recibe el encargo de viajar a Madrid para ejecutar al traidor, sale del despacho y se encuentra con que la celebración de una boda está acabando. Los últimos invitados se marchan y sin saber cómo ni por qué, él se acerca a la cantante de la orquesta que empieza a interpretar *El día que me quieras* y baila con ella. Rodaje de la canción y del baile con cámaras cenitales y todos los planos posibles… No estaba en el guion. Fue un regalo para no olvidar nunca. Jamás. Como ella decía.

Pilar murió el 19 de octubre de 1997, a los cincuenta y siete años, como consecuencia de un infarto. Entonces yo trabajaba en Antena 3 y recibí la noticia como un golpe muy duro. No podía creerlo. Solo quince días antes había dirigido la transmisión de la boda de la infanta Cristina e Iñaki Urdangarín, por deseo del rey Juan Carlos del que era buena amiga. Una transmisión con muchos problemas previos entre ella y la jerarquía de la catedral de Barcelona por el emplazamiento de cámaras y cables en el templo. El esfuerzo por sacar adelante aquel evento real, emitido por la cadena que dirigió entre tantos disgustos, fue tal vez la gota que agravó su enfermedad. No lo sabemos. El cuerpo de una mujer tan fuerte tenía un débil corazón. Había sufrido dos operaciones anteriores, no pudo aguantar más y se paró.

Años después, también sentí mucho la muerte de Jesús Hermida, como si fuera alguien cercanísimo a quien tanto debía. Recuerdo mi abrazo con Begoña en el tanatorio. Ambos sabíamos lo que significaba Jesús para la televisión y lo que significaba para cada uno de nosotros. Fue un abrazo inmenso, dolorido y a la vez feliz por haberle conocido y disfrutado. Había sido alguien fundamental en varios procesos de mi vida, en varios momentos importantes en los que le escuché y acerté al hacerlo.

No quería dejar en el olvido que cuando cesaron a Miró, mi ocupación a partir de entonces fue poner en marcha el informativo matinal, el *Buenos días,* después de viajar a Londres y Nueva York para ver cómo eran esos *Good Morning…* El que más me gustó fue el que hacía la ITN británica… Había un tipo muy parecido a Carlos Tena, que se ocupaba de la agenda cultural, con un sentido del sarcasmo, la ironía y el humor muy parecido al suyo. Quise traer a Tena para que hiciera algo similar. A él le encantaba la idea, pero al parecer había razones muy por arriba para que eso no fuera así… El propio Carlos me pidió…

—No insistas, que eso puede ser peor para todos…

No insistí, por él, por mí y por el programa. Luego me contaron que sus desavenencias eran con el vicepresidente del Gobierno, Alfonso Guerra, con el que Tena había sido especialmente crítico. Eso se decía, al menos.

Mucho más tarde, ya en Antena 3, contraté a Tena para un programa con la finalidad de que pudiera hacer lo que no pudo en TVE. Era una espinita que tenía clavada. Carlos fue un colaborador magnífico. Brillante. Un día decidió irse a Cuba, «como compensación por los balseros que huían de la isla», decía con retranca, aunque la verdad de esa marcha tenía que ver mucho con una idea romántica de la vida y del amor. Carlos era un tipo de corazón más sensible de lo que pudiera parecer.

Fui a encontrarme con él en La Habana y vi que era todo un personaje...

—¡Carlitos! —le gritaba el ministro de Cultura cubano desde cinco filas más atrás en el Teatro Carlos Marx, donde se celebraba un festival de la canción de raíz al que nos había invitado Tena.

Hacía un frío de narices; en toda América hace un frío de narices porque tiran del aire acondicionado como si fuera gratis. O tal vez lo era. Dicen que por los insectos y me lo creo; los había de todas las clases en cuanto se apagaban aquellos aparatos y estaban en todas partes: en los teatros, en los restaurantes y en los mercados, sobre las maravillosas frutas del Caribe y sobre la carne de vacuno y de pollo que colgaban de aquellos ganchos sangrantes. Vivía Carlos, por cierto, en una habitación que había alquilado a un médico cubano en el Vedado, viajaba en patinete o bicicleta por una ciudad que adoraba y en la que era bastante feliz, según creo.

Un día llegó a la dirección general de RTVE Jordi García Candau. Jordi era, en tiempos de la facultad, el cantante principal de la tuna de Periodismo, pero era requerido por otras muchas, fundamentalmente la de Derecho, en la que también se tituló, para hacer bolos nocturnos en rondas y restaurantes... Era tenor lírico. Imposible competir con él. Era el mejor de los cantantes de la Ciudad Universitaria madrileña y por eso, cuando entré en la tuna, apenas podía interpretar una o dos canciones, y gracias a que era el propio Jordi quien pedía que me «hicieran sitio». Fue un paso fugaz por aquel grupo con vestido prestado; tampoco me iba mucho el mundo de la capa, las cintas y los leotardos, aunque considero que «aquellos granujas, aquellos embaucadores de la noche» se lo pasaban de maravilla entre ronda y ronda. Lo mío era más bien la canción protesta y como mucho el bolero que, en ocasiones, era el género que más me tocaba el corazón. El caso es que trabé amistad con García Candau, que fue creciente mucho más adelante. Él unía a su condición de periodista la de abogado y habíamos coincidido en Radio Nacional cuando yo estaba todavía en la onda corta y él hacía una magnífica cobertura del juicio por el golpe de Estado del 23F para la onda media; seguramente la mejor. Y seguramente es también una de las personas que más a fondo conoce los entresijos de aquel levantamiento militar, del proceso y de la sentencia.

16

CUANDO EL CORAZÓN TE PIDE IR MÁS LEJOS

En agosto de 1990 había empezado mis vacaciones de verano con pocos ánimos por cuestiones personales. Tal vez por ello la invasión de Kuwait por las tropas de Sadam Huseín se convirtió en una especie de deseado paréntesis en mi vida. Fue el día 2 cuando los blindados del presidente iraquí atravesaron la frontera hasta plantarse en la capital del emirato, deponer a sus responsables y tomar el país como si se tratara de una provincia más de Irak, reivindicando una pertenencia administrativa perdida en la noche de los tiempos. Volví de Albacete a Madrid y en cuestión de dos días me planté con el productor de TVE, Patricio de la Nuez, en Amán, la capital de Jordania, convertida a partir de ese día en el cuartel general de algunos corresponsales extranjeros. Nos instalamos en el Hotel Intercontinental, situado frente a la embajada norteamericana. Unos días después llegaron enviados especiales procedentes de otros países y también colegas españoles; entre ellos, un jovencísimo Javier del Pino, de la SER, porque en ese momento, según decía, era el único que tenía el pasaporte en regla y le apetecía la aventura. Me cayó muy bien aquel Del Pino, que era un enamorado de la información internacional; más adelante fue corresponsal en Estados Unidos y más adelante aún se convirtió en un magnífico comunicador, responsable de los programas de fin de semana en esa cadena...

Aquel hotel era el lugar idóneo para seguir cualquier otro movimiento paralelo a la crisis abierta, además los enviados de Televisión Española éramos muy bien recibidos en un país que consideraba al nuestro como gran aliado por las relaciones entre las dos monarquías y por la denominada «tradicional amistad hispanoárabe» que venía de los tiempos de la dictadura, cosa que empezó a torcerse un poco cuando se conoció que el Gobierno de Felipe González había decidido enviar una fragata y dos corbetas de observación a la zona, de acuerdo con los aliados occidentales.

La verdad es que en un lugar como Amán la crisis se vivía sin demasiadas tensiones, con la única preocupación que se desprendía, de acuerdo con las informaciones occidentales, del peligro que podíamos vivir si Sadam Huseín utilizaba sus «potentes armas químicas». Nos recomendaban tener, o era un bulo como tantos otros, una manta preparada y la bañera llena de agua para prevenir los efectos de uno de esos ataques, cosa que nunca me tomé demasiado en serio, aunque puse una manta junto al baño, por si acaso.

Los corresponsales más avezados, los que saben de verdad de esas cuestiones, nunca creyeron en aquellas medidas de prevención. Luego supimos que todo eso de la gran amenaza que suponía el potencial bélico de los iraquíes y su tremenda capacidad mortífera era un cuento destinado a convencer a la opinión pública de la necesidad de intervenir para proteger a Occidente o a los intereses de Occidente. Pura propaganda. Sadam Huseín tenía sus cosas, era un sátrapa y el invasor de un país vecino, pero su capacidad armamentística era menor de lo que querían hacernos creer.

Poco tiempo después, el titular en *The Independent* británico para un artículo de su corresponsal, Robert Fisk, «War for oil», era de lo más directo, de lo más certero también. La mentira, el bulo, las *fake news* eran algo sobresaliente incluso antes de la aparición de las redes sociales, que ya fueron el acabose en eso de engañar al personal...

Una mañana me fui a la embajada española y pedí una entrevista con el titular de la legación diplomática, quien, después de solicitar permiso al Ministerio de Exteriores en Madrid, no mantuvo otra posición que la oficial. Era Ramón Armengod, un valenciano que manejaba la ironía de un modo finísimo y que nos apoyó desde el principio en cualquiera de nuestras pesquisas. Aquel fue el germen de una gran amistad.

El embajador Armengod organizó de inmediato una cena para que conociéramos a la colonia española en aquel país, incluso a algunas personas de su legación. Siempre iba acompañado de Rocío, su mujer, hija y hermana de diplomáticos que no entendía la vida fuera del servicio exterior, salvo cuando esa vida se desarrollaba en su casa de Ávila, construida junto a la muralla.

—Le llamo de la embajada, de parte del embajador Armengod.

—Ah, sí. Gracias.

—Le paso con él.

—¿Qué tal está en Amán? ¿Cómo pasa su tiempo?

—Bueno, trabajando a todas horas… Son muchas crónicas y entradas en directo. Lo normal con lo que está pasando.

—Le llamaba porque vamos a celebrar una cena; la organiza la embajada para que usted y otros colegas puedan conocer a españoles que viven aquí desde hace tiempo; fundamentalmente miembros de la legación y algunos empresarios.

—Encantado. Y, ¿dónde será?

—Le llamarán y le enviarán la invitación al hotel.

La cena se celebró en un restaurante que, en realidad, era una especie de jaima de lujo. Entre otras personas también estaba como invitada una joven española llamada Cristina, que trabajaba como azafata en el avión del rey Huseín… y que podría contar una vida de película gracias a lo que en principio fue una contrariedad para ella. Su estatura no le había permitido entrar en la compañía Iberia como pretendía, así que hizo las maletas y buscó trabajo en Oriente Medio. Por su presencia en Amán, por su ausencia o por otras razones relacionadas con ella, podíamos suponer si el monarca hachemita estaba en la capital jordana o negociando como intermediario en Estados Unidos o en los países de la zona. Jordania, fronteriza con Irak, estaba muy interesada en lograr una solución pacífica al conflicto y cuanto antes, algo que no pudo ser.

Todos los días tenía que preparar hasta cuatro crónicas y entradas en directo para los informativos de Televisión Española: la mayor parte de las veces hacíamos las conexiones desde la terraza del hotel, donde casi siempre hacía un viento persistente y desde donde podíamos ver la calle y a veces por el cielo pasar los aviones, según todos los indicios en operaciones de carácter intimidatorio; nada más. En aquellos días no había combates en ninguna parte, y si los había, nos quedaban desde luego muy lejos… Recuerdo que sobre todo estábamos pendientes de los intentos pacificadores de la diputada española y abogada Cristina Almeida, que parecía jugar un papel importante cerca de Sadam Huseín para que permitiera la salida de los ciudadanos de nuestro país que estaban en territorio iraquí o en la ocupada Kuwait…

Nuestra actividad se restringió mucho por la noche una vez que entró en vigor el toque de queda. Sin embargo, en varias ocasiones pude llegar hasta la televisión jordana, situada a unos cuantos kilómetros de Amán, gracias al embajador Armengod, que me acompañaba en la oscuridad de aquellas carreteras con su coche oficial provisto de bandera y con su chófer. Gracias a él pudimos mantener conexiones en directo con el último informativo de TVE.

Era curiosa la sensación de saltarse el toque de queda y circular por las carreteras jordanas acompañado y protegido por un diplomático experto en las cuestiones de Oriente Medio. Antes de ser embajador en Jordania lo había sido precisamente en Kuwait, el país ahora invadido, y antes aún, había ocupado el puesto de cónsul general en Jerusalén; cargos que le conferían un gran conocimiento y autoridad moral sobre los asuntos de la zona y especialmente sobre el conflicto que ahora nos ocupaba. Para él y para su mujer, que vino con nosotros un par de noches, el simple hecho de acompañarme en medio del toque de queda hasta la televisión nacional jordana, según me comentó después, fue una especie de aventura que añadir a todas sus vivencias; no querían perdérselo.

—Me lo estoy pasando de maravilla —decía ella mientras sonreía a su marido como esperando su aprobación…

Para mí, aquella compañía, las conversaciones o, mejor dicho, las respuestas de Ramón Armengod a mis preguntas, se convirtieron en una especie de cursillo en vivo sobre los problemas de Oriente Medio…

En unas pocas semanas, con un cierto *impasse* en la situación, terminaron mis vacaciones y mi trabajo en Amán y se aceleró mi regreso a Madrid para ocuparme de la edición del telediario de las tres de la tarde. Una vuelta a la rutina después de aquella experiencia personal y humana. A partir de ese momento, ya desde la redacción de TVE y desde el set de informativos, seguí el curso de esa parte de la guerra que duró unos pocos meses. La fuerza de coalición, de la que formaban parte distintos países árabes, además de las grandes potencias occidentales…, hicieron que las fuerzas iraquíes se replegaran, que el país y el Gobierno fueran controlados desde fuera y que las aguas y el petróleo volvieran a su cauce, este último gestionado por las grandes compañías occidentales. Pero la guerra, realmente, no había terminado.

Aquella vuelta a la realidad venía marcada por las noticias, las acusaciones y los desacuerdos sobre el tratamiento informativo de asuntos como los GAL, los fondos reservados, las presiones del Gobierno —que a mí me llegaban solo en diferido— y otras cuestiones que en la televisión pública siempre producían momentos de tensión.

El poder y la oposición, en eso coincidencia total, quieren aparecer mejor de lo que son, las noticias negativas les incomodan y muchas veces tratan, como es obvio, de difuminar la realidad, aunque la actitud de aquella redacción muy seria, muy profesional y muy crítica procuraba hacer las cosas de un modo bastante equilibrado. Una dinámica de diálogo que la dirección, aunque molesta a veces, entendía como normal. Todos éramos periodistas, ¿no? En el fondo manejábamos un mismo lenguaje, sabíamos de qué estábamos hablando y se negociaba. Las tensiones eran fuertes, pero duraban poco. Al día siguiente las discusiones eran otras porque los problemas ya eran otros. Ya saben el aforismo periodístico de que no hay nada más viejo que la noticia del día anterior. Eso lo dice la teoría y suele ser verdad, aunque a veces, con razón o sin ella, seguimos con la misma noticia y sus variantes durante meses y meses. Pasa el tiempo…, pero lo supuestamente nuevo parece viejo porque en ocasiones lo es. Es un oficio muy cambiante por sus contenidos, pero por temporadas nos hacemos muy cansinos.

17

Cuando aprendí a tomar decisiones bajo el peso del dolor

Estábamos en aquellas cosas y también pendientes de ETA que seguía a lo suyo, matando. Entre los centenares de muertos y también de heridos que los terroristas dejaban con sus atentados hubo uno especialmente impactante, al menos para mí, que me tocó dar la imagen y los datos de aquel horror. Me refiero al sufrido por Irene Villa, una niña entonces de solo doce años, y su madre, María Jesús González.

Los hechos se produjeron el 17 de octubre de 1991. Normalmente las televisiones siempre llegaban tarde a los atentados de ETA o de cualquier organización terrorista. No era como ahora, que hay miles de objetivos entre las cámaras de los teléfonos móviles, las de las calles y los cruces de semáforos y, por supuesto, en bancos y establecimientos comerciales. Entonces no había y, cuando llegaban nuestros operadores, ya habían sido retirados los cuerpos o bien estaban cubiertos con una manta, con lo que el efecto terrorífico de esos crímenes no era tan grande, tan evidente como sí lo fue aquella mañana de otoño.

Nuestros reporteros estaban recabando toda la información en relación con el asesinato de un teniente de Artillería,

Francisco Carballar, que murió como consecuencia del estallido de una bomba lapa colocada en su vehículo cuando se dirigía al trabajo… Faltaban solo unos minutos para las ocho de la mañana y ya se había producido la primera víctima de la jornada. En aquellos tiempos, si había una explosión en la calle o en un edificio de Madrid, Barcelona o el País Vasco, nunca pensábamos en algo fortuito, inesperado o consecuencia de una negligencia. Nada de eso; en 1991, cuando había un estallido, siempre pensábamos en los mismos: en los terroristas de ETA.

Irene y María Jesús habían escuchado perfectamente el sonido de esa bomba porque se produjo a escasos doscientos metros de donde ellas vivían; lo que no podían imaginar es que en su propio vehículo tenían otro explosivo adosado. El objetivo de los etarras no era acabar con ellas, sino con un inspector con el que María Jesús, según se decía, mantenía una relación sentimental… Una hora después del atentado que acabó con la vida del teniente Carballar estallaba este otro artefacto y nuestros cámaras estaban muy cerca. Esa fue la razón de que se obtuvieran las imágenes más crueles que recuerdo de una acción terrorista, aunque no registraran un número de víctimas elevado como en atentados como el de Vic, el cuartel de la Guardia Civil en Zaragoza, o Hipercor…

En medio de una nube de polvo se veía emerger el cuerpo de María Jesús, que, desde la calzada, buscaba a su hija. Quería saber, con una mirada, si estaba viva… Sí, ambas estaban vivas, pero con unas heridas terribles. Irene había perdido las dos piernas y varios dedos de una mano; María Jesús, un brazo y una pierna. Es difícil olvidar lo que estábamos viendo;

las imágenes nos desgarraban por dentro. Era la primera vez que podíamos ver la realidad, la durísima verdad de un atentado terrorista. En la redacción de informativos de TVE se abrió un debate muy tenso, muy crispado por momentos, sobre si debíamos ofrecer esas imágenes a nuestros telespectadores. Algunos, entre los que yo me encontraba, defendíamos que era necesario emitirlas porque era lo más real que habíamos visto…

—Esas imágenes son una condena brutal del terrorismo —decía yo—. Imagina que incluso en algún lugar de ETA se hace una reflexión sobre estas acciones.

—Son muy duras —decía la jefa de Informativos, María Antonia Iglesias—. Hay que pensar en la gente que está viendo el informativo… No, no, eso no se puede dar.

En ese momento ya éramos varios los decididos a abrir con ello e intenté convencerla. Finalmente, después de ir a su despacho y volver, María Antonia accedió a que se produjera esa emisión.

—Pero con todo tipo de precauciones.

Nos dio su consentimiento, sí, pero con la condición de que determinadas escenas no podían salir en pantalla. Por ejemplo, algún miembro esparcido sobre el pavimento. Sí podíamos sacar los rostros de las víctimas y ese escenario lóbrego, oscuro, aunque todo ocurriera por la mañana.

—De acuerdo.

Lo advertí en directo, eran imágenes «muy duras, las más duras que había visto nunca en este tipo de acciones». Hice mención a que intentaran que los niños no las vieran ni tampoco personas con especial sensibilidad. Los espectadores debían decidir en menos de medio minuto si deseaban verlas o no... y aparecieron en la pantalla. Fue un impacto para todos, para quienes las estaban viendo en ese momento y para nosotros. Elena Sánchez —excelente compañera que un día ocupó la presidencia del ente RTVE— presentaba conmigo aquel telediario y aunque ambos habíamos presenciado el visionado y el montaje de ese vídeo, estábamos consternados. Es diferente verlas en el departamento de realización y montaje a saber que ya son los televidentes quienes las están viendo. Supimos que se abrió algún tipo de crítica interna en la organización terrorista, pero ETA no dejó de matar hasta muchos años después cuando, tras largas e infructuosas negociaciones de los Gobiernos precedentes, decidieron dejar las armas durante el mandato de Zapatero con el compromiso de extinguirse posteriormente. Un final al que no era ajeno el dolor de las víctimas, la lucha de las fuerzas de seguridad y la colaboración de Francia. Por detrás quedaban ochocientos cincuenta muertos, muchos atentados sobrecogedores, pero en mi recuerdo se quedó para siempre la imagen de aquella niña de doce años... dramáticamente amputada por tan tremenda canallada.

El destino hizo que nos encontráramos gracias a amigos comunes. Hemos cenado juntos y hemos hablado de cuestiones muy diferentes, de su actividad deportiva, de sus conferencias, de su maternidad, pero nunca de aquel día y de unas imágenes que, en cierto modo, me habían convertido en su amigo aun antes de conocernos. Hace muy poco tiempo era la invitada en una tertulia en la que participo junto con magistrados, economistas, profesores y periodistas, gente de distinta procedencia. Me tocó hacer la presentación de Irene y decidí contar este relato que le emocionó sobremanera; realmente, se hizo un nudo en la garganta de algunos de los asistentes. Ni ella ni su madre, que también almorzaba con nosotros, sabían nada, treinta y tres años después, de aquel debate sobre las imágenes de su atentado…

Irene, doce años y mutilada…, era la imagen de lo que nunca debió ser. Y como ella, tampoco debieron ser las otras víctimas del terrorismo de cualquier tipo. Los suyos eran los ojos, el rostro de una inocencia que ni siquiera el ataque más brutal pudo descomponer. He leído muchas de sus reflexiones acerca del terror, el odio y el resentimiento… Seguro que ha sufrido contradicciones. ¡Cómo no tenerlas! Pero recuerdo fundamentalmente una entrevista que hizo Nieves Herrero a ambas en lo que era el primer encuentro de ellas en el hospital donde estaban ingresadas y me quedo con la sensación de que estaba siendo testigo de un acto de inmensa ternura y sin el rencor que muchos podrían tener o podríamos llegar a tener en una situación parecida. Es difícil no sucumbir a los peores sentimientos. Ellas no lo hicieron.

Después de aquello Irene y su madre siguieron con su vida, pero dispuestas a afrontar lo que el destino les fuera trayendo. Crecieron, ambas crecieron, sobre todo Irene, que era la que más tenía que crecer. Estudió mucho, sacó adelante su carrera universitaria y trabajó de periodista como si aquel día, como consecuencia de la sinrazón, hubiera tenido la revelación de que había renacido para contar muchas cosas y las ha contado. Ha participado en debates, ha dado conferencias y nunca ha rehuido, que yo sepa, ningún compromiso con cualquier asunto relacionado con el terrorismo… ¿Cómo va a olvidar si cada vez que mira su mano o sus piernas encuentra la barbarie de la mutilación? Es verdad que el atentado no iba contra ella ni contra su madre; pero eso tiene, a fin de cuentas, una importancia menor, porque ninguna de las víctimas de aquel día, ninguna de las víctimas de cualquier día en cualquier parte de España, en cualquier parte del mundo, puede tener justificación…

Hubo esfuerzos de todo tipo para terminar con el terrorismo etarra, que siempre ocupaba el puesto más destacado entre las preocupaciones de los españoles. Primero, en tiempos de Felipe González, las conversaciones de Argel; se reunieron negociadores de ETA con una delegación del Ministerio del Interior… Hubo ciertas esperanzas en ellas después de varios años de atentados brutales, como el de Hipercor en Barcelona… El Gobierno, por medio de un comunicado, dio por terminados unos contactos que siempre estaban lejos de avanzar. Primer fracaso. Más adelante el intento llegó con José María Aznar y su famosa declaración en la que evitó nombrar a ETA como banda terrorista, prefiriendo la denominación de «Movimiento Vasco de Liberación», que causó una enorme extrañeza en medios políticos y periodísticos. Lo intentó Aznar; tenía que intentarlo. Es cierto que el Gobierno del PP hizo un gran esfuerzo para iniciar las conversaciones y para convencer a sus militantes y a su electorado de la conveniencia de lograr un acuerdo. En 1999, por ejemplo, fueron trasladados más de cien presos etarras a cárceles del País Vasco o a las inmediaciones de esa comunidad. También hubo numerosas excarcelaciones durante ese gobierno de

José María Aznar, quien llegó a decir que era mejor un terrorista en un escaño que empuñando una pistola o que «sabría ser generoso con quienes dejaran las armas». También el presidente de la Xunta de Galicia, Manuel Fraga, pedía a los etarras, durante la ofrenda al apóstol del año 2000, el abandono de las pistolas «para iniciar un debate franco en las instituciones». Pero aquellos contactos, aquellas concesiones —que en algún caso dieron paso a un claro optimismo— también terminaron fracasando.

La tercera gran oportunidad llegó con el Gobierno de José Luis Rodríguez Zapatero. Durante los últimos años las fuerzas de seguridad habían castigado duramente a la organización terrorista y la colaboración internacional era máxima. Además, tras los atentados yihadistas del 11 de marzo de 2004 decaía el apoyo a ETA entre quienes antes entendían a la banda. Algo se movía en el horizonte y desde el Gobierno se aludía a la necesidad de avanzar en el final negociado del terrorismo. El Partido Popular pasó a criticar duramente los intentos pacificadores del ejecutivo socialista, incluso organizando manifestaciones multitudinarias en la calle; pero el 20 de octubre de 2011, ETA anunció el cese definitivo de su actividad armada. El presidente del Gobierno incidió en que se trataba de un triunfo sin condiciones —algo que reconoció el jefe de la oposición, Mariano Rajoy— y agradeció el trabajo de las fuerzas de seguridad y el apoyo de Francia, además de recordar el esfuerzo de las víctimas y los familiares de las víctimas. Fin de ETA, que anunció su disolución definitiva en 2018. Fue, desde luego, una grandísima noticia que exigió la elaboración de programas especiales en todas las cadenas, también en Telecinco, donde dedicamos horas y horas de emisión.

Es cierto, llegó el final de ETA después de más de ochocientos cincuenta muertos, centenares y centenares de familias deshechas, numerosos heridos, secuestros salvajes como el del funcionario de prisiones José Ortega Lara, el de Cosme Delclaux o el de Julio Iglesias Zamora, de quien fui compañero en el colegio mayor. Era verdad, la ansiada paz estaba ahí después de mucho sufrimiento y se acabó aquel calvario del impuesto revolucionario, de guardar medidas de protección, de mirar en los bajos de los coches o de estar atemorizados, de vivir sin vivir por haber recibido alguna amenaza de ETA. Se acabaron los funerales, y cuando se escuchaba una explosión, ya no temíamos que se tratara de una nueva acción terrorista. Aun así, de vez en cuando se producen alusiones a la vigencia del terrorismo o a la colaboración del Gobierno con los herederos de ETA; algo que viene a incidir en el incremento de la crispación. Qué lejos queda un tiempo de responsabilidad en el que, con el Pacto Antiterrorista, existió el compromiso de mantener esa cuestión fuera del debate político, lejos de la natural confrontación entre partidos. Pensar o decir que ETA está más viva que nunca o en el poder, como se desliza en ocasiones, no responde a la realidad y sí en cambio a cuestiones de tipo electoralista o, simplemente, para el desgaste del otro. Habría que aprender mucho de Irene Villa, de su capacidad para superar tantas cosas, aunque el perdón de las víctimas en general sea todavía un asunto difícil. Solo viviendo lo que ellas vivieron podríamos entender su dolor.

18

CUANDO LOS CAMBIOS
Y LA COMPETENCIA ACTÚAN EN POSITIVO

María Antonia Iglesias, mi jefa, admiraba a Felipe González; decían que era la única periodista que entraba y salía de la Moncloa como si fuera su propia casa; una exageración. Nos quisimos mucho y nos hicimos sufrir mucho a cuenta de determinadas informaciones, pero siempre puse en valor su capacidad y su corazón, enormes en comparación con su pequeño cuerpo... Recuerdo su rostro demudado cuando supo que un día mi padre nos sorprendió con su muerte y cómo se movilizó para que pudiera viajar cuanto antes para estar con mi familia.

—Te lleva mi chófer.

—Pero, María Antonia...

—No hay peros que valgan. El coche está preparado. Te lleva a casa, recoges algo de equipaje y te vas.

Durante el viaje el conductor de la dirección de Informativos aún me hizo una confesión más.

—Me ha dicho la jefa que me quede contigo los días que sean necesarios.

Era María Antonia en estado puro. Todo pasión. Estuve en el velatorio y en el entierro y lo pasé fatal aquel día y durante mucho tiempo más. Fue un zarpazo tremendo con la sensación de haber hecho muy poco por aquel hombre que se había desvivido por mí. Era un amor absoluto. Cuando empezaba a ser conocido en televisión, él llevaba en el bolsillo los recortes de prensa para presumir ante los amigos. Estaba muy orgulloso. Cuando iba de vacaciones a nuestra ciudad, le buscaba para caminar juntos hasta nuestra casa; no siempre, porque cuando le veía hablar con alguien, evitaba el encuentro para que delante de mí no enseñara esos papeles; era bastante tímido y esas situaciones me avergonzaban mucho. En su funeral pensaba en aquellas cosas y me preguntaba por qué no le había dedicado más tiempo. Bueno, creo que todos los días de mi vida, desde entonces, he pensado en él.

Quizá por eso, años después, cuando la salud de mi madre empezó a deteriorarse, quise pasar muchos días con ella; fin de semana sí, fin de semana no, acudía a la residencia en la que estaba y donde tenía el afecto del resto de los internos y de los trabajadores. Nos reíamos y me contaba cosas de su vida y de su tiempo en Cataluña. De todo aquello salió una pequeña novela mecanografiada que era solo para ella y que siempre estaba abierta en su mesita de noche.

—¿Es verdad que Cataluña se independiza de España? Aquí no se habla de otra cosa…

—Ni te preocupes, mamá —le decía yo, intentando tranquilizarla—. Eso es imposible. Son cosas de algunos políticos y de periódicos… Eso no va a ocurrir.

Los dos años pasados en Barcelona le hicieron amar profundamente a esa ciudad. La había idealizado y habría querido vivir allí siempre. Un día murió, después de jornadas de muchos dolores; no se merecía una muerte así. Alguna vez, viéndola casi acabada y dolorida, yo mismo le pedía con el pensamiento que nos abandonara, que dejara tanto daño como estaba sufriendo. Nunca verbalicé palabras así, pero una noche, con los ojos cerrados, la escuché como en un susurro:

—Quiero irme.

A los dos o tres días se fue; dejó un inmenso dolor entre nosotros y un grandísimo recuerdo entre quienes la conocían. Por mi parte también, aunque entre lágrimas, sentí cierta tranquilidad porque no la vería sufrir cada vez que le inyectaban algún medicamento, le sacaban sangre o la pinchaban en los dedos para controlar cómo tenía el azúcar. En esos casos gemía o gritaba. Ni ella ni yo aguantábamos ese suplicio.

Todavía no entiendo que se permita tanto sufrimiento a las personas cuando están a las puertas de la muerte y cuando saben que nada va a mejorar en ellas, cuando el óbito es ya seguro, solo cuestión de tiempo. Aquello hizo cambiar muchas cosas en mí acerca de los tratamientos paliativos e incluso de la eutanasia, que ya entonces empecé a entender.

Volviendo a la muerte de mi padre; él había dejado muy claras las cosas antes de abandonarnos y regresé casi de inmediato a Madrid. Quería trabajar cuanto antes, buscar la normalidad, superar aquello, pero cuando he visto imágenes de aquel tiempo, he sido consciente de que no era tan capaz como creía de disimular la tristeza ante la cámara.

María Antonia era una gran persona, pero nuestras diferencias acerca de algunos asuntos nos llevaban a una cierta tensión. Tal vez porque teníamos mucha confianza para decirnos las cosas y porque yo me mostraba cada vez más a la defensiva con respecto a determinadas cuestiones. Esos encontronazos fueron muy pocos. Recuerdo uno de ellos; la información sobre unas conversaciones grabadas al secretario de organización socialista, Txiki Benegas, y difundidas por la SER —en las que se denominaba a González el «One» y «Dios»— y que reflejaban ciertas discrepancias entre una parte importante del PSOE y el Gobierno.

—El problema es el *One* —decía Benegas.

Varios integrantes de la redacción estaban, y yo con ellos, convencidos de que se trataba de la noticia del día, pero no había forma de convencerla.

Queríamos ofrecer aquellas conversaciones y finalmente se emitieron, pero como de tapadillo con un trabajo que llamábamos de corte y confección. Era una noticia de primera y se colocó en segundo o tercer lugar.

Esas polémicas con mi jefa no me hacían feliz en absoluto y anidaba en mi cabeza la idea de abandonar esa casa, aunque con el paso del tiempo tuve y tengo dudas sobre quién, entre nosotros, tenía la razón de su parte. También sobre si hice bien en mantener mi terquedad para dar aquellas imágenes de Irene Villa y su madre recién mutiladas por los efectos de un atentado terrorista. Es curioso, cuantos más años cumplía, más dudas se agolpaban en mi cabeza. Al final, no me cuesta nada darle esa razón, aunque sea a título póstumo… porque creo que también la tenía.

La verdad es que no quería dar un disgusto a mi director general, a Jordi García Candau, a quien nunca quise molestar con aquellas historias y preferí esperar. Ya tuve una oferta del equipo de Valerio Lazarov para viajar a Telecinco con un espacio de entretenimiento que, por distintas consideraciones, deseché; fundamentalmente porque no me veía en ese papel. Meses después se publicaba el nombre de su presentador, el periodista Julián Lago, que consiguió un gran éxito de audiencia. El título del programa era *La máquina de la verdad,* en el que ese encuentro con la supuesta verdad se posponía con un reclamo que se hizo muy popular.

—No me responda ahora; después de la publicidad.

Jordi no quería que me fuera y para evitar más tentaciones me ofreció un programa en RNE con el que me divertí muchísimo y que se llamaba *Abrimos los sábados,* pero enseguida algunos sindicatos empezaron a colocar pasquines sobre el exceso que suponía la doble paga, el telediario y, además, un plus por ese programa. No era bueno ni para Jordi ni para mí, aunque me consta que él estaba dispuesto a aguantar el tipo.

A esas alturas mi periscopio empezaba a salir a la superficie y a la oferta de Mediaset sucedió más adelante otra de Antena 3, bajo la presidencia de Antonio Asensio. Pedí aplazar la negociación hasta que terminaran las elecciones generales del 93. Se lo dije a mi amigo Jorge Arqué, que actuaba como representante.

—Ahora no voy cambiar de cadena… Esperemos hasta el final de las elecciones.

—¿Y eso?

—No quiero que mi salida pueda interpretarse… políticamente.

—Tampoco creas que tu salida meses antes de la jornada electoral vaya a cambiar nada.

—Lo sé; pero siempre habrá quien haga alguna interpretación maliciosa y no quiero que eso sea así.

—Vale. Hablo con ellos y te voy diciendo.

Los comicios fueron en junio, ganaron los socialistas y en octubre ya estaba en la cadena privada. Las siguientes elecciones, las de 1996, serían las de la «dulce derrota» de Felipe González, con las que Aznar llegó a la presidencia del Gobierno en el que cumplió dos legislaturas completas… El presidente de los populares consiguió, además, un sólido soporte de medios informativos que ya se colocaban de su lado. Jordi García Candau tuvo que dejar su cargo en RTVE y supongo que de haberme quedado le habría acompañado en la caída, como tantos otros. Desde entonces, Jordi sigue siendo un gran amigo a quien acudo en busca de su inteligencia y su moderación en el juicio de las cosas.

Aquel era el momento más pletórico de Antonio Asensio, presidente de Antena 3 y del grupo Zeta, que editaba publicaciones de éxito, como *Interviú, Tiempo* o *Panorama,* además de *El Periódico,* y presidente de Ediciones B. Antes de firmar el contrato, antes de seguir adelante con la negociación, Asensio quiso entrevistarse personalmente conmigo y a solas. Yo pensaba, temía, que fuera a leerme las condiciones de lo que se podía y no se podía hacer y me sentí muy incómodo. Nada de eso. Me llevaron hasta su despacho por un ascensor interior, nadie debía saber nada de ese primer encuentro…, y allí estaba Asensio, con un aspecto imponente vestido con un traje color hueso. Su mirada era la de un hombre que parecía

saberlo todo. La verdad es que sabía todo del mundo periodístico en el que cabalgaba desde los dieciocho años, aunque
en un momento determinado no fuera capaz de calibrar la
fuerza que podía tener un Gobierno que quiere ejercer su poder en todos los frentes. Pero eso ocurrió más adelante.

—Bienvenido a esta casa.

—Gracias.

—No te arrepentirás. Cuando se formalice el contrato, ya
haremos público tu fichaje y te enseñaremos la redacción; a
muchos profesionales ya los conoces.

Nuestro encuentro fue de una gran naturalidad y me
convenció de que realmente tenía que fichar por ese grupo
en el que se garantizaba algo importantísimo: la libertad para
hacer periodismo. Allí convivían personas de distinta procedencia y con distinta manera de ver las cosas. Manuel Campo
Vidal, Olga Viza, José María Carrascal… Todos podían hacer lo que quisieran con sus respectivos informativos.

—Aquí tendrás la responsabilidad de hacer el informativo
como consideres…

Todos podían hacer el informativo que considerasen,
«siempre que no faltaran a la verdad».

Aquel fue un tiempo feliz en lo profesional; hacía un espacio de noticias en compañía de María Rey —¡qué bien lo pasábamos!— y con la colaboración de tres comentaristas: Pepe
Oneto, uno de los tipos más agudos que he conocido; Carlos
Luis Álvarez, Cándido, un prodigio de cultura; y Nativel Pre-
ciado, siempre tan justa en sus comentarios, tan equilibrada…

En muy poco tiempo me había consolidado en la cadena
privada, aunque un cambio de ese tipo siempre se ve sacudido

por nervios y estrés; me esperaba una vida diferente, de mucha competencia, un nuevo tiempo de aprendizaje, mejor remunerado y teóricamente independiente de cambios políticos —eso creía yo—. Pero las tensiones, en este mundo del periodismo, como pude ver no muy tarde, siempre te buscan y en muchos casos terminan por encontrarte.

Había sido un periodo corto y estable para mí hasta que un día llegaron vientos muy incómodos para Asensio. Incómodos y con amenazas… que él y otros responsables de la cadena denunciaron como provenientes de la Secretaría de Estado de Comunicación. En el fondo de todo ello, un problema derivado del reparto de los derechos de emisión del fútbol que Asensio pretendía firmar y firmó finalmente con el presidente de Prisa, Jesús de Polanco —el llamado Pacto de Nochebuena—. No creo que esa fuera la única causa. De dónde vino la idea de mi cese no lo sé, aunque lo supongo, y me convertí en víctima del desaguisado.

Un día, Pepe Oneto, que entonces ya era jefe de Informativos, me dijo:

—Tienes que subir a ver al jefe.

—¿A Asensio?

—Sí. Tiene algo que contarte…

Y fui a la planta superior… No fue muy explícito conmigo. Su tesis era que los periodistas, los que estábamos en la información del día a día, no teníamos por qué ser incomodados por cuestiones relacionadas con el devenir de la compañía; solo los más allegados. Insistí y me dijo:

—Mira, en estos momentos Antena 3 está siendo atacada. Tengo que poner los medios para que esta casa no sufra demasiado. Yo soy el objetivo de ese ataque. No se trata de una cuestión personal contigo.

Ahí empecé a alarmarme un poco… ¿Qué quería decir? ¿Por qué querían acabar con él? ¿Que me iba a cesar? ¿Que tenía otro destino o que salía de Antena? Se lo pregunté directamente.

—Antonio… ¿Tengo que salir del informativo?

—Sí, de este informativo sí. Pero sigues en la compañía. Te pido que hagas otra cosa…, un programa semanal. No te vamos a tocar el sueldo, en absoluto. Es más, te compensaré puntualmente con algo. No te preocupes por eso. Pero ahora te voy a pedir ese sacrificio. Te pido que me entiendas…

No lo dijo de un modo lastimero, pero sí que advertí una gran preocupación en todo lo que me estaba diciendo. Me sorprendió que, aunque no se excediera en la confidencia, me hiciera partícipe de una situación que estaba viviendo…

—Supongo que Oneto está al tanto de lo que pasa conmigo.

—Sí, claro…, él te dirá lo que tienes que hacer, lo que esperamos de ti. Gracias.

—Gracias a ti… Voy a ver a Pepe.

Y bajé hasta la redacción de informativos… Oneto me explicó que Antonio estaba pasando por una difícil situación y que mientras yo bajaba de su despacho, el jefe le había llamado para que me tratara muy bien…

—¿Qué tal en el despacho de Antonio?

—No me ha contado demasiado… Me ha puesto un poco al tanto de que la compañía y él están sufriendo un ataque y que tiene que prescindir de mí…

—Yo no te puedo contar mucho más de lo que él te ha dicho. Lo irás entendiendo. Todos tratamos de que esto sangre lo menos posible. Lo que sí te digo es que cuando se resuelva todo volverás al informativo. ¿No te lo ha dicho Antonio?

—No.

Aplazamos la conversación hasta el día siguiente… Estuve pensando alternativas al informativo. Él también, y antes de que pudiera decirle algo, Oneto ya se había adelantado.

—Yo creo que deberías hacer un programa semanal. Una especie de informe semanal para el domingo. Tenemos una franja que queremos cambiar antes del informativo… No va especialmente bien…

—Pero un informe semanal, un día después del *Informe Semanal* de Televisión Española… No sé. Y, además, eso, que la franja no va bien.

—Haz otra cosa. Una revista. Tienes que dar un poco de vuelta a las cosas…

Oneto era listo de narices. Me dio la idea en dos líneas y yo tenía que presentarle un proyecto.

Nuestro informativo, el de las nueve de la noche de lunes a viernes, iba muy bien… durante un cuarto de hora, el primero, antes de que entrara la publicidad habíamos empezado a ser líderes bastantes días entre las cadenas privadas y muy cerca, en ese periodo, de TVE. Dejar aquello no me apetecía, pero me puse manos a la obra. Compartí el asunto con las personas más cercanas, algunos estaban abatidos por lo que suponían que era un golpe contra el informativo y contra el presidente de la cadena, contra todo el grupo Zeta. Había que trabajar en el nuevo escenario.

Reunidos en un rincón, apartado de la redacción, les comunicaba lo que quería hacer con el nuevo programa. Sí, una revista, exactamente como había dicho Pepe Oneto, pero sin páginas… La tele tiene esa ventaja o ese hándicap, según se mire. Desde mi punto de vista, debía llevar contenidos de todo tipo: asuntos de actualidad, reportajes, e incluso alguna incursión en el reporterismo de humor en el que Willy Sánchez, que vino como cámara, se hizo un hueco que ya nunca abandonaría.

—¿De humor? —me preguntaba Willy.

—Sí, de humor. Ver cómo respira la sociedad, pero con humor… y con respeto.

Un día les pedí que fueran a cubrir la boda del torero Enrique Ponce, previa llamada mía al diestro. Me preguntaron cómo tenían que ir vestidos él y Fernando Mattey, el cámara que siempre le acompañaba, y les dije que tenían que vestir de corto, como los toreros en el campo, y con sombrero cordobés. En medio de la ceremonia me llamaron por teléfono.

—Joder, macho, estamos haciendo el ridículo. Aquí todos van con traje y corbata y ellas con vestido largo, somos los únicos que vamos de camperos.

Colgué el teléfono…, no podía dejar que escucharan cómo me desternillaba de risa. Cuando consiguieron restablecer la comunicación, les dije:

—Tranquilos, ¿cómo os han recibido?

—Eso sí, de maravilla. Se ríen los muy cabrones, pero nos dan declaraciones todos.

—¿Y todas?

—También.

—Os va a salir un reportaje de humor estupendo…

—Te vas a partir. Hemos hablado con Francisco, el cantante. Le hemos preguntado si iba a torear la vaquilla que estaba preparada… Tendrías que ver la cara que ha puesto.

—Y qué ha dicho.

—Que ni borracho.

El caso es que cuando soltaron al animal en la plaza de tientas, Francisco lo toreaba hasta de rodillas. Fueron a alguna boda más… de esas de gente famosa y siempre eran recibidos estupendamente. Luego, más tarde entraron en otro tipo de contenidos.

—Joder, macho…, no se pueden hacer reportajes con el diccionario. Yo no le veo la gracia —decían Willy y Fernando.

—Que sí, hombre… Vosotros vais a bodas…, en Madrid se celebran cientos cada fin de semana.

—Yo no lo veo.

—Bueno, intentadlo. Preguntad por la poligamia…

Algunos recién casados respondían, en serio, que ahora eran felices con su nuevo estado de polígamos. En aquel programa aprendimos que andamos muy mal de diccionario. Sobre todo cuando nos apunta el objetivo de una cámara. También preguntaron por la palabra «sobrio» y un taxista decía:

—Llevo cuarenta años en la profesión y no he conducido sobrio en mi vida.

La presencia de una cámara es así, siempre procuraba un cierto nerviosismo.

Un día, cansado de tener que buscar los temas que ellos desarrollaban, les dije que ya era hora de ponerse las pilas.

—Además, es muy sencillo. —Tomé el diccionario de la RAE y lo abrí por la letra C—. La tengo.

—¿Qué palabreja te has sacado del diccionario de Pedrete?

—Los cosmopolitas. ¿Qué harían si hubiera una invasión de cosmopolitas… en el planeta Tierra?

Salieron a la calle y las respuestas llegaban a ser tronchantes.

—Sacaría al ejército a la calle y la aviación de todos los países en alerta —respondía alguno.

Nos divertimos mucho con esa sección. Era una concesión a la sonrisa, e incluso la risa a mandíbula batiente en algunos casos. Willy sigue en ese registro, con sus reportajes de humor y política, firmando como Willy Veleta.

Pero no solo humor, que era una tira única de cuatro minutos en un programa de una hora y cuarto. También teníamos reportajes con otros contenidos. Para comenzar debíamos planificar los dos primeros programas, intentar cierta resonancia pública y de esa manera conseguir más medios porque nos habían dotado de un número exiguo de cámaras y redactores. Vinieron los que quisieron sumarse a la aventura, que eran muy pocos ante las reducidas posibilidades de éxito. Federico, Nuria, Berta, María Jesús, Willy, Fernando, Lourdes y más adelante Juan y algunos otros. No podía dejar que ese programa fuera solo una salida más o menos digna para que no me sintiera mal por tener que abandonar de aquella manera el informativo…

Teníamos que hacer un programa grande… Después de algunas tormentas de ideas con nombres a veces simplísimos como «Panorama» o «El semanal», hablé del *Ojo público,* un espacio informativo que se había convertido en un clásico de la televisión norteamericana. No podíamos o no me apetecía calcar el título, entre otras cosas porque había otros programas en el mundo con ese mismo nombre. No me apetecía, pero lo de «público» me gustaba. Finalmente, divagando, divagando y diciendo un nombre más alto que otro surgió el de *Espejo público.* Lo dijo un redactor, Faustino Álvarez, al que todos llamábamos Tati, en un momento de inspiración y cuando habíamos desarrollado un debate en el que aparecieron palabras como objetivo, público, ojo… Era estupendo —de hecho, el título del programa se mantiene, aunque con otro formato—, teníamos que popularizarlo, grabar pequeños espacios con personas de distintos ámbitos y a modo de cuñas publicitarias.

—Quiero darme prisa cortando estos filetes, para irme a casa y ver *Espejo público* —decía un carnicero.

—Espero que el tren llegue puntual para poder ver *Espejo público* con la familia —decía un viajero con maleta en la estación…

Y así cincuenta grabaciones más. Todo aquel a quien nuestros reporteros pedían esa minicuña publicitaria terminaba colaborando, con lo que sin saberlo estábamos consiguiendo un lanzamiento coral… El realizador, Juanma González, tenía que sacar petróleo de la nada y creó, en aquellos tiempos, una realidad virtual sobre un croma verde que nos daba más juego que el tradicional «azul Thatcher», como se llamaba entonces al color de esos fondos sobre los que se creaba una imagen alusiva al asunto que estábamos contando.

Algo así como estar en el lugar de los hechos, pero sin estarlo, en precario, lejos de la fineza con que hoy la inteligencia artificial consigue recrear los escenarios y la vida…

Era una aventura extraordinaria… Había cesado en el informativo, pero delante de mí, de nosotros, se abría una gran oportunidad creativa. No dormía apenas y seguro que otros tampoco pudieron dormir como quisieran. Estaba, estábamos viviendo momentos de un gran entusiasmo. Nunca me había sentido mejor en el mundo de la televisión que poniendo en marcha este programa. También me preocupaba que todo aquello no saliera bien. Pero salió.

En el primer número llevábamos algo de actualidad política, no más de dos piezas. Todo estaba basado en el reporterismo… Algo de internacional… Los reportajes debían llevar música y un titular llamativo que aparecía justo después de una entradilla, un *lead*, inicial. Hablábamos de moda, de cualquier tema de interés. También era un programa muy social, preocupado por problemas relacionados con la droga o las dificultades de muchas personas para salir adelante. Me pasaba horas escuchando canciones, sintonías y temas relacionados con los asuntos que estaban en marcha… Les pedí que se implicaran y todos empezamos a ser cada vez más creativos. Era como si descubriéramos en nosotros mismos facetas desconocidas. Convocábamos tormentas de ideas y buscábamos algún tema de impacto para dar que hablar, como el de una especie de secta que en la calle de Santa María de la Cabeza en Madrid practicaba rituales de sanación y exorcismos… La cámara oculta no tenía entonces problemas para grabar y denunciar este tipo de prácticas. Había que echarle valor, eso sí. También acompañamos a los peregrinos a Lourdes; no había «milagros» ese día, pero sí un gran negocio de velas y objetos varios que reportaba diariamente millones de pesetas a los administradores de la gruta. Nuestros reporteros volvieron con una visión bastante curiosa de lo que allí ocurría.

Todo trataba de ser original en nuestro programa y aquel exiguo equipo logró atraer la atención del público. Un día, pasados unos meses, como si hubiera sido aplacada la ira de los que querían acabar con Antonio Asensio, vinieron hasta la redacción de *Espejo* Jesús Hermida y José Manuel Lorenzo para ofrecerme volver al informativo de las nueve de la noche; era el compromiso de Asensio que me había transmitido Oneto. No quise, les pedí que no insistieran. *Espejo público* estaba en marcha, creciendo, y a mí me suponía una felicidad como nunca antes había tenido, y seguí en el programa. Estaba defendiéndome, mi equipo, estaba defendiéndose con su trabajo y todos, en cierto modo, defendiendo a la compañía.

19

CUANDO PARECE QUE TODO CAMBIA, ES QUE CAMBIA

Nada había sido aplacado en las relaciones entre mi empresa y algunos miembros del Gobierno… En muy poco tiempo, Asensio fue destronado. Ocurrió pocos meses después de que este denunciara presiones y amenazas, incluso de cárcel. Todo está publicado en los periódicos de aquellos días… El caso es que finalmente se acabó la historia de Asensio en Antena 3 y llegaron los cambios. Telefónica, de la que era presidente Juan Villalonga, compañero y amigo de José María Aznar en el colegio madrileño de El Pilar, era la nueva dueña. Suma y sigue. Nada que decir —cosas que aprendí a saber que pueden pasar y pasan—, salvo dolerme por el procedimiento, sus causas y sus consecuencias para todos. Comenzó para mí un largo periodo, una especie de montaña rusa sin orden ni concierto y tuve la intuición —había que ser muy tonto para no advertirlo— de que más adelante las cosas no habían de irme especialmente bien, en líneas generales. En fin, otra vez a remar y a coger fuerzas.

Parece mentira que tenga que decir esto, pero los periodistas no somos dueños de los medios en los que trabajamos y las líneas editoriales pueden ser más o menos permisivas con el trabajo de los profesionales… Cuando abandonamos un trabajo es porque existen ofertas más jugosas, por un proyecto nuevo y más acorde con nuestra idea de la información y del mundo o porque el cansancio vital se hace insoportable. En mí no se daba todavía ninguna de estas circunstancias, así que seguí en mi puesto, tratando de esquivar cualquier contrariedad que se produjera. Sí, muchas veces, si no hay otro remedio, lo más normal es permanecer en el lugar que te toque intentando no salir malparado y manteniendo una defensa del equilibrio, en todos los sentidos.

Espejo público ya estaba perfectamente consolidado para cuando Ernesto Sáenz de Buruaga llegó a su nueva casa desde Televisión Española. Era el flamante director de Informativos y me invitó —en una propuesta que me sorprendió— a volver a los espacios de noticias. Ernesto y yo habíamos tenido una convivencia educada y respetuosa en Radio Nacional de España… Yo diría que amable incluso.

—Me gustaría contar contigo.

En principio se trataba de retornar a las nueve de la noche, eso parecía o eso creí, pero me equivocaba, como la paloma de Alberti. Para ese puesto él tenía un as en la manga y pudo contratar a un presentador de postín, Matías Prats, miembro de una de las sagas más importantes de radio y televisión en España y un tipo de una gran cordialidad que, mientras escribo esto, sigue en aquella cadena. El caso es que finalmente fui destinado a los noticiarios del fin de semana. No me pareció mal del todo. Bueno, mentiría si no dijera que al principio me pareció una *toccata di coglioni,* pero enseguida empecé a pensar en la serie de ventajas que ese turno podía suponer. Por ejemplo, disfrutar de mayor tiempo libre, descansar, casi cuatro días a la semana, viajar, navegar a vela, que era mi gran pasión, y escribir. En *Espejo* me había convertido en un adicto al programa. Solo pensaba en ello. Era un espacio en algún sentido tan personal que le dedicaba muchas horas durante todos los días de la semana buscando temas, sintonías… Bueno, a lo que iba, me trasladé al fin de semana y las cosas en general discurrieron con mucha tranquilidad. *Espejo* ya tenía vida propia…

Estar en los informativos de sábado y domingo es menos notable que estar en el *prime time;* lo sé, pero en tiempos de zozobra no eres tan visible para quienes se dedican a la presión y la vigilancia y, además, no hay jefes. Eres… ¿cómo decirlo? ¿Más libre? Sí, más libre, tanto que llegas a creer que eres el casi casi dueño de esa edición. Y nos equivocamos. Hay que ver más cine, siempre nos deja alguna enseñanza; por ejemplo, la película *Novecento,* de Bernardo Bertolucci. Terminada la guerra y derrotado el fascismo se imponía el comunismo en algunos lugares. Uno de sus líderes, que supuestamente luchaba por la libertad frente al Duce, llegaba a decir a modo de advertencia:

—Siempre hay patrón.

En ese tiempo, a determinados hombres y mujeres de la política les dio por rentabilizar las jornadas de descanso y empezaron a viajar y viajar seguidos de periodistas en una especie de competición por verse reflejados fundamentalmente en la tele. Parecía, era como una carrera jalonada de mítines. Algo así como «tú en Cádiz, yo en Logroño».

Teníamos la impresión de que los responsables políticos de distinto signo se repartían porciones del territorio nacional para que —en una especie de complicidad tácita— sus discursos, los de todos sin excepción, tuvieran cabida en los informativos de todas las cadenas. Y eso que no había elecciones a la vista. España empezaba a ser un mitin total. La verdad es que en nuestro informativo pasábamos algo de las caravanas de los unos y de los otros, entre otras razones porque no daban una noticia ni por asomo… Todo eran declaraciones de intenciones o simplemente para llamar la atención, sin llegar a la horrenda polarización y al insulto que hemos conocido más recientemente. Digamos que por esos años y por comparación con lo que vino después había una especie de educado ejercicio del Gobierno y de la oposición; parecía incluso que se estimaran, aunque fuera lo mínimo.

Repetían sin parar sus cantinelas y empezaron a exigir cada vez más espacio. Empezó a producirse una convivencia incómoda, al menos para mí, con recados de los segundos niveles de la dirección de Informativos. Tengo que reconocerlo, Sáenz de Buruaga —convertido ya en consejero delegado— no quería tratarme mal, como también tengo que reconocer que mi terquedad en relación con algunos asuntos no ponía las cosas demasiado fáciles. Por utilizar un símil taurino, ahora tan demodé, nunca quiso sacar el estoque conmigo y me ofreció una salida: hacerme cargo de un programa que otros habían puesto en marcha y que inicialmente presentaba una serie de dificultades. De hecho, había serias dudas acerca de su estreno. Me lo ofrecieron, con la intención de que ambos pudiéramos salir adelante; el programa y yo mismo. Me subieron considerablemente el salario y acepté.

Ahí se consolidó mi separación de Federico Tuya, que se quedó al frente de los informativos del fin de semana; en cierto modo era lógico, siempre había sido el «segundo de la pareja» y tenía derecho a ser el *primus inter pares*. Nos separamos, nos divorciamos profesionalmente, pero con la diferencia de horarios y más adelante con mi cambio de empresa nos fuimos distanciando…

20

CUANDO LA CLAVE SE LLAMA ACTITUD

El programa era un espacio de entretenimiento llamado *A plena luz* y fue una gran enseñanza para el resto de mi vida profesional. La cuestión se llama «actitud».

El título, *A plena luz,* estaba muy bien, salvo que, como decíamos entonces —en una especie de compungido sarcasmo—, no se correspondía ni con la iluminación real ni con el contenido, que siempre parecían estar a medio hacer. Era difícil darle la vuelta a todo aquello. Además, no me veía en un espacio en el que había que tratar asuntos del corazón y una de las pocas alegrías era compartir aquel escenario con presentadoras como Yolanda Alzola, siempre de buen humor, o Mar Saura, que daba paso a concursos y actuaciones musicales… Allí estaba también Tacho de la Calle, con su eterno optimismo y su equipo de guionistas, pero el camino del fracaso había comenzado en la primera emisión.

Aun así, lo intentamos con fuerza. Por ejemplo, haciendo cosas que antes no pude; así fue que montamos una tertulia que llegó a hacerme pensar que salir adelante era posible. Contraté, ahora sí por fin, a Carlos Tena, uno de los periodistas del ámbito de la música y la cultura más interesantes que he conocido; siempre planteando cuestiones que solo pasaban por su cabeza y con una capacidad increíble para llevarnos a todos a la contradicción más absoluta. Con él, Natalia Figueroa, sí, la mujer de Raphael, teóricamente en el polo opuesto a Tena... y digo teóricamente porque ambos poseían un gran sentido de la justicia, del humanismo y del equilibrio, y llegaban a entenderse bastante. Natalia, como saben y si no se lo cuento, es la nieta del mítico conde de Romanones, el primer ministro del rey Alfonso XIII —«mandas más que Romanones», se decía en España de aquellos que tenían gran poder sobre las cosas, la política, los hombres y las mujeres—. Dicho esto, Natalia es, además, una de las personas más cultas que conozco y con más historias para contar que nunca cuenta, salvo en la intimidad de la mesa del comedor. Debería escribirlas, pero no quiere. De niña, en la puerta de su habitación, ya había colgado un cartel con su nombre y debajo: «Escritora». La relación laboral con Natalia dio lugar a un acercamiento con toda la familia Martos Figueroa que se ha convertido en fuerte amistad, casi familiar; para mí, desde luego, absolutamente enriquecedora. Entre otras cosas descubrí que, fuera del personaje, del gran artista que es, del divo, Raphael es un ser muy humano, cercano, bueno y con un absoluto sentido común.

Pero volvamos al programa. Tena y Natalia hicieron equipo; los que parecían personajes de dos polos distantes y contrapuestos llegaron a ser cómplices; había una especie de gran admiración mutua desde la diferencia... Bueno, la verdad es que no estaban tan alejados, solo sobre el papel y la procedencia social. Se admiraban y compartían risas y sonrisas. También estaba María Antonia Valls, mujer muy tierna, pegada a la realidad de las personas y con un montón de problemas que ocultaba tras su sonrisa. Era la parte más humana, era la defensora de los humildes y de los artistas… y, por último, un personaje increíble, el actor Antonio Ozores. Sus intervenciones eran absolutamente divertidas. Decía las cosas de una manera que era difícil entenderle, pero algo se entendía. Había hecho escuela gracias a un curioso modo de hablar con frases ininteligibles y con alguna palabra inteligible, con lo que cualquiera podía interpretar a su modo lo que Antonio dijera… Cuando me dijo que aceptaba venir al programa, me dio una gran alegría. Yo le pedía una de esas opiniones cuando la conversación podía cansar o tensar, él entraba con su monólogo maremoto y Natalia, la única que siempre parecía entenderle, decía:

—¡Cuánta razón tienes, Antonio!…

Y de ahí, a la carcajada de todos, la nuestra, la del público en el estudio, la de la gente en sus casas, según nos decían… Teníamos magníficos reporteros, entre ellos Eva Tribiño, la persona que desde entonces me acompañó a lo largo de toda mi carrera profesional…, mi subdirectora en *Enfoque* en TVE y en Informativos Telecinco. Sin ella —una persona realmente especial— las cosas nunca habrían podido ser tan positivas como resultaron, aun en medio de múltiples pruebas y retos.

En *A plena luz* teníamos algún concurso sin mucho sentido y un juicio ficticio entre dos personas, un demandante y un demandado, con un juez también ficticio que daba la razón a uno u otro. Este asunto nunca me gustó, resultaba falso de absoluta falsedad y cada día me planteaba cómo hacer que tuviera interés y lógica sin poder conseguirlo. O como cargármelo, también sin poder conseguirlo.

Había muchos problemas más, incluido el mío, que era crucial. No me veía en la mayor parte de las secciones de ese espacio, salvo en la tertulia, con los reportajes y con alguna entrevista. Y eso me hizo fallar personalmente. Sí, el fallo —en lo que a mí respecta— era mi actitud. No me entendía a mí mismo y al cabo del tiempo pienso que ese programa que hoy pocos recuerdan se convirtió en la mayor lección que he recibido en mi vida profesional. Por supuesto que sí. En ocasiones anteriores había sido capaz de afrontar cualquier tipo de dificultad. Me ocurrió con la puesta en marcha del *Buenos días,* de Televisión Española, o más adelante con los inicios sin equipo suficiente en *Espejo público. ¿*Por qué me sentía ahora tan frágil? No encontraba causas…, pero había una muy clara y era mi reticencia a estar en un espacio ómnibus en el que las curvas de audiencia subían cuando entraba la información del corazón y se hablaba de Bárbara Rey y un tal Frank Francés, que eran las estrellas en ese tipo de programas por aquel tiempo.

Sí, quizá me sentía absurdamente castigado con ese traslado a programas. Creo que me sentía afligido, con la autoestima baja… Si hubiera afrontado aquello como debía, podría haber sido el «rey de las mañanas», me decía con cierta ironía, como intentando animarme recordando a mis queridas Teresa Campos y Ana Rosa Quintana, que tenían una enorme naturalidad frente a la cámara. Aprendí mucho con aquella experiencia de *A plena luz,* pero sobre todo la importancia de la actitud.

En aquel tiempo no había saboreado el ejemplo de la Campos, que, años más tarde, vino a trabajar con nosotros en Informativos Telecinco. Paolo Vasile la contrató para *La mirada crítica* y se puso a mis órdenes. Había sido todo en la televisión y vino a hacer el informativo matinal, con lo que tenía que madrugar muchísimo. Además, por aquel tiempo padeció un tumor en la garganta que le causaba muchas molestias y dolores, pero nunca dejó de presentar. Era muy competitiva y no permitía que nadie notara nada. Me ruborizaba cuando me insistía en que le dijera cómo la había visto, cómo había quedado tal o cual entrevista. Qué le podía decir yo a la Campos… Qué podía decirle a quien había conseguido popularizar las noticias más duras o complicadas. Qué le podía decir a quien era una de las mejores entrevistadoras que había conocido. Ella entrevistaba para saber, no para asustar. Nunca pareció que quisiera quedar por encima del entrevistado. Me llegó tarde su enseñanza acerca de lo que era una fenomenal actitud positiva.

Si hoy tuviera los años de entonces y me encargaran algo así, prepararía un buen contenedor, buscaría a los mejores profesionales, pero sobre todo cambiaría mi forma de enfrentarme al reto. Era, en *A plena luz,* como si estuviera doliéndome absurda y anticipadamente por un pensamiento que luego se hizo realidad, y es que tardaría muchos años en poder hacer un informativo y no fue en esa, sino en otra cadena.

21

Cuando descubrí
que lo bien hecho bien parece

En *A plena luz* hubo anécdotas que merecían aparecer en la historia de la televisión en España. Por ejemplo, el caso de «la anciana de la vespa». Se trataba de una señora bien entrada en años que solía aventurarse por las calles de Barcelona en una de esas motocicletas. La cuestión se reducía simplemente a eso: «Anciana que montaba habitualmente en vespa», pero el personaje se había hecho tan popular en las calles de la capital catalana que consideramos seriamente la posibilidad de entrevistarla. La mujer se animó y vino. Podíamos preguntarle por su afición, qué era lo que pensaba su familia de algo que podía ser peligroso, por qué no viajar en un utilitario de cuatro ruedas… No imaginábamos que nuestro set podía llegar a convertirse en un espacio más inseguro que la calle con el tráfico más intenso de la Ciudad Condal.

La señora en cuestión debía entrar al estudio a bordo de su moto y con la orquesta del programa interpretando un *rock and roll…,* cuando de pronto advierto que la mujer se va inclinando hacia la izquierda, va perdiendo el equilibrio y se cae. Se pegó un tremendo batacazo… y se quedó como inmóvil en el suelo.

—¡La cadera!… —grité—. ¡Se ha roto la cadera!

Todo el mundo salió en su auxilio. Por supuesto, yo mismo, pero también parte del equipo y hasta algunos espectadores. La tensión era total.

—Hay que llamar al médico… Urgente —decían unos.

Fue un alivio ver a la anciana moverse y levantarse casi por su propio pie como si no hubiera pasado nada, pero los primeros veinte segundos fueron un horror y todos temimos la posibilidad de un problema, de un trauma y, por supuesto, no hay por qué negarlo, de una catástrofe mediática. No recuerdo si se vio todo por televisión o desde control se cortó la emisión para meter publicidad. No lo recuerdo, pero el fiasco fue absoluto.

No pasó nada grave en ningún sentido. Lo que ocurrió es muy simple. El productor del programa, que administraba un exiguo presupuesto, alquiló esa motocicleta a la baja. La mujer era muy mayor, pero no tonta, y debió advertir que el vehículo iba mal de frenos y por eso intentó aminorar la marcha como pudo hasta inclinarse hacia su izquierda y caer en el escenario… El susto fue total. Podía haber terminado en tragedia, como decía, pero la Divina Providencia ese día estaba con nosotros. Afortunadamente, a ella no le ocurrió nada de nada. Como decía Woody Allen, «la comedia es tragedia más tiempo…» y enseguida pudimos sonreír con todo aquello.

Era un programa de muchas caídas. Una de ellas la mía… Llevaba tiempo advirtiendo que unos amplificadores de sonido situados a la espalda de mi asiento y del sofá de los invitados suponían un peligro para todos y que un día tendríamos una desgracia, pero nadie movió un dedo. Un día tras otro veía los dichosos altavoces detrás de mí y un día tras otro veía también que nada se hacía por arreglar aquel disparate. Una mañana, nada más terminar una entrevista con el torero Enrique Ponce y mientras Yolanda Alzola daba paso a otro contenido, me tropecé contra uno de esos aparatos, cayendo de espaldas y de cabeza hacia la parte de atrás del escenario, la menos iluminada. Sonó un golpe seco, se me cerraron los ojos y no podía levantarme. No recuerdo con claridad lo ocurrido, pero sí retengo en mi memoria la preocupación de Ponce haciendo uso de su sabiduría en primeros auxilios, levantándome los brazos para que pudiera respirar, haciéndome seguir su dedo para comprobar que no había perdido la vista… Hizo de todo, mientras inmóvil, tumbado en el suelo, esperaba la llegada del equipo médico…

No pude seguir presentando. A veces me encuentro con Enrique Ponce, que siempre que me ve se acuerda de aquellos instantes:

—Vaya tortazo que te diste. Llegué a pensar que te habías *matao*.

Un gran tipo, Enrique Ponce. Bueno, aunque parezca increíble, aún pasaron varios días hasta que los amplificadores fueron retirados de allí y situados en otro lugar menos peligroso.

A plena luz no duró mucho y hacía algunos meses que yo pintaba poco. La última anécdota tuvo que ver con la lotería de Navidad. Alguien había decidido que en el programa del día anterior al sorteo, es decir, el 21 de diciembre, aparecería un mentalista que se comprometía a acertar el número del Gordo. Ante el público, el mago escribiría varios dígitos en una hoja de papel que depositaría en una urna que, desde ese momento, sería vigilada noche y día por el personal de seguridad de la cadena hasta el mismo instante del sorteo. Era un truco, claro; o una cuestión de ilusionismo. Dentro de la urna ya estaba escondida —según me dijeron— una persona de muy baja estatura. Su misión era destruir el papel del mago y escribir en otro similar el número que fueran leyendo los niños del colegio de San Ildefonso según salieran de los bombos las bolitas correspondientes al premio gordo. Y así se hizo el día 22.

Lo peor era la caligrafía tan estrafalaria con que el personaje escondido había escrito los números. Después de toda una noche en la urna, seguramente aturdido por la postura y la imposibilidad de moverse, imagino, el susodicho había escrito unos números que parecían números, sí, pero que eran, como habría dicho cualquier niño pequeño, ¡un churro! Todos los que participábamos en aquel programa lo teníamos claro: la magia está llena de trucos, por supuesto, pero aquel se notaba demasiado.

En el terreno de las anécdotas he conocido muchas de cerca. A veces las redes se han llenado con mis carcajadas por escenas que realmente eran ridículas; la llegada de los móviles con cámara fotográfica y vídeo y su uso masivo por parte de la población se ha convertido en fuente de noticias —fundamentalmente de sucesos—, pero también de escenas chuscas que superan los límites de lo que debe o debería ser el hecho informativo. Algunas eran graciosas; por ejemplo, las de deportistas en el interior de sus domicilios que siempre terminaban rompiendo cosas, cuando no alguna de sus extremidades. Mi incapacidad para sujetar una risa estruendosa en esos instantes era tal que tuve que hacer uso de un viejo truco —no recuerdo quién me hizo partícipe del mismo— para evitar la carcajada en medio de un informativo. La solución era llevarme un alfiler, de aquellos que se utilizaban en sastrería para poner nuestros nombres en el traje de cada día, llevármelo al estudio y, caso de risa, pincharme para desviar la atención. La verdad es que funciona…, al menor atisbo de risa, pinchazo en la pierna y a otra cosa.

Algunas veces, sin embargo, lo olvidé y estallé en una carcajada. Por ejemplo, no pude seguir hablando cuando en plena pandemia de COVID el metro de Bilbao distribuyó la imagen de uno de sus trabajadores limpiando la barandilla móvil de una de las escaleras mecánicas. Pretendían demostrar que esas instalaciones eran un lugar seguro, pero el hombre vestido con su EPI, su ropaje para evitar contagiar y ser contagiado, estaba subido a uno de los escalones y limpiando en todo momento solo un pequeño espacio de unos treinta centímetros. No tenía alfiler, no pude controlarme y no pude hablar, salvo resoplar y resoplar durante el tiempo que duraban aquellas imágenes.

Pero la televisión también ha sido escenario de errores que habría preferido que no se produjeran jamás. En estos últimos casos la consecuencia de imágenes que no se correspondían con la voz en *off* llegaron a suponer un fuerte dolor de estómago y la consecuente preocupación.

Un día surgió la noticia de que el asesino de una niña en Palma de Mallorca había sido detenido en Alemania. Por entonces Antena 3 estaba cambiando técnicamente su sistema de emisión y las pruebas solían hacerse en fin de semana. Cuando hablé de aquella detención, dije que les íbamos a mostrar el rostro del presunto delincuente, y lo que apareció fue una imagen congelada de José María Aznar. Pensé que se caía mi mundo y esperaba una reprimenda de órdago, aunque se tratara de un fallo técnico inesperado. No pasó nada. No hubo protestas de ningún tipo. Todos parecieron entenderlo y algunos me compadecían o sonreían por lo ocurrido.

Son cosas que pasan en la tele. Algo más: noticia de un juicio en los juzgados de plaza de Castilla. Una persona, a la que apreciaba y aprecio, acudía a declarar... Teníamos esa imagen dispuesta para ofrecerla, cuando se hablara en general de la toma de testimonios por ese caso, pero en ese momento, en directo, nuestro corresponsal en temas judiciales dio cuenta del envío de dos personas a prisión mientras las imágenes correspondían a unos meros declarantes. Como pueden imaginar, fue imposible convencer a uno de esos dos hombres de que se trataba de un accidente. Le expliqué, pero la fuerza de su duda fue superior a mis razones. Son cosas que pasan, pero lo sentí mucho entonces y lo siento ahora, cuando lo recuerdo.

También me ocurrió con un familiar, el hijo de una prima mía. Es taxista en Barcelona y con varios trabajadores más del gremio se fue a visitar al «expresident» Carles Puigdemont a Waterloo, en Bélgica. Era una acción más de las muchas que llevaban a cabo esos conductores para concienciar a la política y la ciudadanía de los problemas del taxi frente a las VTC. Teníamos la imagen y la ofrecimos para después dejarla archivada, como el resto de los contenidos. Unos meses más tarde, en unas colas —como denominamos a la narración del presentador sobre unas determinadas escenas— uno de mis colaboradores más cercanos utilizó esa grabación para ilustrar un tema sobre las personas, fundamentalmente de la política catalana, que visitaban esa vivienda en la ciudad belga. Mientras leía no podía ver el monitor y no sabía qué imágenes se estaban mostrando... Lo supe al día siguiente, cuando ese familiar me llamó enojadísimo, soltando sapos y culebras por la boca y acusándome personalmente del desaguisado. Él, que no era partidario de Puigdemont ni de cerca, sino muy de lejos y por la izquierda, estaba horrorizado con que alguien de su entorno pudiera dudar de él, o simplemente se calentó o lo calentaron y la pagó conmigo. Yo tampoco reaccioné con la tranquilidad con que suelo hacerlo.

En fin, son cosas que ocurren y que no se pueden explicar. Nunca se entiende, desde el otro lado, que hay elementos que se escapan del control del director de un informativo. Cuestiones que, efectivamente, hacen mucho daño a los protagonistas indirectos de esas noticias; a mí también.

Dice mi amigo Paco Moreno, director de Informativos Mediaset y hombre que ha pasado por diferentes cadenas, que en televisión es más fácil manejar el EGM —el estudio general de medios que mide las audiencias— que el EGO. Y no le falta razón. La televisión tiene ese elemento añadido sobre cualquier otra profesión que es la imagen y sus consecuencias. También se dice por ahí que el personaje se come a la persona y dejar de aparecer por esa caja luminosa es, en parte, como renunciar a algo vital. He sido testigo de casos que pueden parecer increíbles. Hay quienes se hunden al pensar que no son nada si no salen en la tele o simplemente porque son trasladados a otro horario de menos campanillas. Ni el hundimiento del Titanic causa tanto daño. Acaso porque la cámara puede llegar a ser adictiva y porque provoca un proceso de despersonalización y quienes actúan ante ella creen ser el personaje que aparece en pantalla y no lo que realmente son. Pues a veces pasa. Bueno, también la salida de la primera línea implica una pérdida salarial importante y en estos casos el enfado tiene otra justificación.

Personalmente, he sido cesado unas cuantas veces, tantas como he sido repuesto o enviado a otro lugar, y otras veces he optado por irme por mi cuenta, a veces por una buena oferta, a veces por gozar de una cierta tranquilidad libre de presiones de arriba o «ambientales». La verdad es que no he notado especialmente ese síndrome como de muerte en vida ni cuando pasaba, como pasé, algunos meses en el banquillo sin destino y sin esperanzas. Uno de esos periodos lo aproveché para escribir una novela histórica sobre Cristóbal Colón y su amante, Beatriz Enríquez de Arana, la madre de Hernando Colón, que pienso reeditar algún día. Me fastidiaba la arbitrariedad de algunos cambios, pero siempre entendí que la dirección es la que decide. Vamos, lo de *Novecento* que decía unas páginas atrás:

—Siempre hay patrón.

Quizá lo viera de esa manera porque mi primer revés se produjo muy pronto, a los cinco meses de estrenarme como editor y presentador del telediario de las ocho y media de la noche en TVE; justo cuando empezaba a encontrar el gustillo a eso de la tele, a pesar de los múltiples problemas con los que me encontré. Aquella fue una maravillosa vacuna contra el sentido de la eterna permanencia, si es que se le puede llamar así. Entendí, y está muy bien comprender que nadie es director o presentador de esto o aquello. Simplemente estamos de paso. Así que me planteé disfrutar de lo que la vida profesional pudiera depararme, aun con decepciones y tensiones, que también las tuve. Pero puedo asegurar que nunca en tono mayor.

Recientemente leí unas declaraciones del consejero delegado de la tecnológica Nvidia que suscribo totalmente. Decía Jensen Huang que es bueno tener fracasos porque se aprende más de ellos que de los éxitos. Además, Huang recordaba que en uno de sus primeros trabajos, en un bar, él era quien mejor limpiaba los lavabos. Su propuesta es «amar todo lo que tengas que hacer» como una de las claves para la felicidad. Huang me recuerda un tanto a mi padre. Cuando clasificábamos por números las cajas de zapatillas en la tienda, él quería que pegara las etiquetas con los precios de un modo perfecto.

—Unas etiquetas inclinadas, aunque solo sea ligeramente, dan una impresión fatal.

—¿Crees que es tan importante?

—Y tanto. No se trata de la apariencia, sino de hacer bien las cosas. Lo bien hecho bien parece.

—Hagas lo que hagas, hazlo bien, como si en ello te fuera la vida —me decía también Jesús Hermida.

Algo de ese empeño puse en los pocos encargos que se me hicieron desde entonces. Por ejemplo, un noticiario de última hora, muy de madrugada, sobre la guerra que sucedió a los atentados contra las Torres Gemelas y el Pentágono y que acogí con cierta ilusión después de pasar unos largos meses en el refrigerador. Eran cosas normales. Subidas, bajadas. Sí, lo normal. Algo había aprendido de *A plena luz*.

22

Cuando lo falso queda al descubierto

Mentiría si no dijera que mi carrera ha pasado en varias ocasiones por una especie de *standby,* de estancamiento con difícil retorno. Yo la defino como una silueta urbana, un *skyline* con rascacielos y casitas de adobe de una sola planta, o como el perfil de los dientes de una sierra. Quizá por eso sea en el fondo una buena carrera, si atendemos a lo que decía Jensen Huang. Tuve tantos pasos atrás como hacia delante. Los problemas, las decepciones y los errores me sirvieron para crecer, para sumar experiencias… y para saber que no debía engancharme demasiado al fenomenal mundo de la televisión. La inactividad de algún tiempo con largas conversaciones en la cafetería —llegó un momento en que no tenía mesa ni ordenador— dio paso más tarde, con el cambio de propiedad de la compañía, a trabajos algo más estables como la presentación de *7 días, 7 noches,* que compaginaba con *La respuesta,* un programa matinal con noticias y tertulia en el que me sorprendieron los atentados del 11M, la mayor tragedia terrorista ocurrida nunca en España.

Un desastre humano que inicialmente parecía obra de ETA. Esa era la tesis oficial, aunque hubiera, también desde el principio, sospechas de que detrás de aquellos hechos pudiera estar el islamismo radical. La gestión de aquella catástrofe marcó un antes y un después sobre política y comunicación. Es una de las ocasiones en que un periodista tiene constancia de que se está elaborando un relato que difiere de la verdad, pero que resulta de utilidad para determinados fines. Es como si en un determinado momento una serie de fuerzas se concentraran para hacer creíble una irrealidad y tratar de convertirla en verdad absoluta. Pero vayamos por partes.

Faltaban solo tres días para la celebración de las elecciones generales en las que todo hacía suponer una victoria del Partido Popular, aunque algunas fuentes —pocas, es cierto— también indicaban que esa mayoría no estaba del todo garantizada.

Habíamos empezado nuestro programa en el estudio de Antena 3 con toda la normalidad. Un repaso a la actualidad del día y las previsiones... Recuerdo que estaba conmigo Chani Pérez Henares, entre otros, cuando se produce la noticia del atentado en la estación de Atocha. Nada se sabía en un primer momento de otras explosiones, aunque enseguida, conforme pasaban los minutos, fuimos sabiendo de ellas... Dos, tres, cinco muertos... Las sospechas iniciales hacían pensar en un atentado etarra.

Era su marca, según suponíamos nosotros también. Fundamentalmente, porque apenas dos meses y medio antes de los atentados, el 24 de diciembre de 2003, ETA había trazado un plan para colocar cincuenta kilos de dinamita en el expreso Irún-Madrid. Todo estaba programado para que estallaran en la estación de Chamartín en las horas previas a la Nochebuena. El tren pudo ser interceptado en Burgos. El terrorista Garikoitz Arruarte, que había sido interceptado con veinticinco kilos de ese material, confesó que su compañero Gorka Lafourcade había conseguido introducir una carga similar. Esas detenciones y la pericia de las fuerzas de seguridad pudieron impedir la muerte de muchos de los ciento ochenta y cuatro pasajeros. Con ese precedente no era absurdo creer en esos momentos que los activistas de ETA estaban detrás de lo que se iba a convertir en la peor masacre por un acto terrorista en la historia de España. Pero la realidad era otra.

Seguíamos con la emisión sin perder de vista el recuento creciente de víctimas y con ello los pronunciamientos de los políticos de todo signo en contra de aquel acto. En esa mañana, cuando apenas dábamos cuenta de quince o veinte víctimas mortales, y en un descanso del programa, recibí una llamada telefónica de Ramón Armengod, anteriormente embajador en Amán y ex cónsul general en Jerusalén, de quien hablaba en páginas anteriores con ocasión de la invasión de Kuwait por parte de Sadam Huseín…

—No digas que ha sido ETA. Podrían ser otros los autores —me dijo.

—Pero… ¿Cómo? Todas las fuentes dicen que ha sido ETA. No hay nadie que diga otra cosa en estos momentos.

—Solo te digo que no afirmes tú que ha sido ETA. Que te cuides en salud… Vamos. Podría no ser ETA. Es más, creo absolutamente que no han sido los etarras.

—¿Quién si no, Ramón? ¿Islamistas?

—Creo que hay quien está intentando ponerse en contacto con el Gobierno para ofrecer datos de otra hipótesis diferente a la de ETA. Puede haber más de cien muertos y la mayoría de ellos son ciudadanos normales de diferentes nacionalidades, gente que viaja en esos trenes para trabajar. No es ese un objetivo tradicional de los etarras. Pero hay que ser prudentes.

—¿Entonces?

—Solo te digo que si afirmas taxativamente que es ETA, puedes equivocarte. Nada más... Atentado terrorista de grandes proporciones, pero no digas la autoría por ahora... Tienes que mantenerte abierto a otras posibilidades.

Desde que nos conocimos en Amán, mantuve con Ramón una relación cada vez más estrecha. Hemos hablado mucho de tantas cosas... Incluso le había llevado con mi coche al oratorio de San Felipe Neri en Albacete, ya que él, muy religioso, era un devoto seguidor del obispo Newman. Han sido años de confidencias y aprendizaje. Tenía una confianza casi filial con él. Claro que tomaba muy en serio todo lo que me dijera. Tanto que dejé de decir en mi voz que ETA era la responsable de los hechos mientras no se supiera oficialmente y por fuentes contrastadas la autoría de los mismos. Pero desde la política se seguía apuntando a la teoría de los etarras. Nadie lo ponía en duda, salvo Herri Batasuna, y me parecía demasiado atrevido situarme del lado de la organización *abertzale* en una ocasión como esa... ¿Y si no era exactamente como me decía Ramón? ¿Y si él estuviera equivocado, en un error por culpa de un tercero o por cualquier tipo de interés ajeno a él? Estaba lleno de dudas cuando hasta el lendakari, Juan José Ibarretxe, señalaba directamente a ETA al avergonzarse de ellos como vasco con una frase que pasaría a la historia:

—No son vascos de ninguna manera quienes cometen estas atrocidades, son simplemente alimañas, son simplemente asesinos... ETA, estoy absolutamente convencido, está escribiendo su final.

Eran alimañas, eran asesinos y... finalmente no eran vascos. En las primeras horas de los atentados casi ninguno de los jueces de la Audiencia Nacional —que entienden de cuestiones relacionadas con el terrorismo— abonaba la tesis de ETA como autora de los atentados. Allí, en la sede de ese tribunal, los comentarios se referían a algún grupo radical islámico. No cabía otra posibilidad cuando el número de víctimas superaba el centenar, y faltaban otros cien muertos por descubrir. Además, a esas horas, ya se filtraba que el explosivo, en un primer análisis ocular, no era el titadyn color rojizo utilizado habitualmente por ETA, sino goma 2, de color blanco roto. Sin embargo, el Gobierno insistía e insistía en que se trataba de una acción de la organización terrorista vasca.

Eran momentos de gran tensión. No solo por el atentado en sí, sino por esas elecciones que se celebraban el domingo. Si era ETA, ganaba la tesis del Gobierno de que había que actuar con mano dura frente al terrorismo vasco y su victoria electoral estaba garantizada. Si eran islamistas, el Gobierno del Partido Popular perdería la confianza de la ciudadanía y ganarían los socialistas. Era fácil para algunas fuentes establecer la relación entre los atentados y el apoyo del Ejecutivo y su presidente José María Aznar a la guerra del Golfo, con aquella foto del trío de las Azores compartiendo plano con el norteamericano Bush y el británico Blair.

Hacia las once de la mañana dejé de estar en directo y fui sustituido por otro compañero mientras alrededor nuestro se acrecentaba la tensión con un cúmulo de declaraciones en uno y otro sentido. La tragedia tenía una derivada política y emocional. Las cosas se estaban poniendo muy complicadas para el Partido Popular, para la credibilidad del Gobierno y para Mariano Rajoy, cabeza de cartel en esos comicios... La información oficial empezaba a ser cuestionada mientras las fuerzas de seguridad continuaban con sus pesquisas; no así el CNI, que había sido apartado de la investigación, como más tarde reconoció su responsable, Jorge Dezcallar.

Pasaban las horas. Todo era un cúmulo de noticias y sospechas. Ya de noche, nueva llamada de Armengod.

—No ha sido ETA, sino islamistas, con toda seguridad. Lo de la furgoneta con rezos del Corán es más que una simple pista... Ya se está buscando a testigos, personas que puedan informar acerca de quiénes han podido cometer los atentados...

—Sin embargo, la tesis oficial es que ha sido ETA, nadie dice lo contrario.

—Así es. Nadie quiere rectificar nada.

—O no les dejan.

—Lo saben casi todo. Por lo menos lo más importante. Si quieres hablamos en otro momento... Te llamo mañana...

—¿Y qué crees que pasará?

—Creo que las elecciones no deberían celebrarse... Pero el Gobierno y la oposición están jugando muy duro, nadie quiere el aplazamiento… Pero sería lo más normal, celebrar las elecciones alejadas de toda esta tensión que no lleva a nada bueno.

Fue una jornada llena de nervios y de informaciones cada vez menos contradictorias… Todos los caminos llevaban a los terroristas islamistas. Con el paso de las horas el Gobierno afirmaba que la principal hipótesis —ya no decían que era la única— seguía siendo la de un atentado etarra. A la mañana siguiente, viernes, tuvimos por teléfono, en entrevista, a José Blanco, secretario de Organización de los socialistas. Lo que transcribo forma parte del recuerdo de aquella conversación:

—¿Qué piensa de la información que está ofreciendo el Gobierno?

—El Gobierno está retrasando la información sobre un atentado en el que hay ya casi doscientos muertos. Mire, quien juega con la verdad en un momento de tanto dolor está incurriendo en un supuesto muy grave. La organización del atentado presenta características muy diferentes a los que perpetra ETA.

—¿Qué le pide al Gobierno?

—Le pido celeridad para esclarecer la autoría del atentado antes del próximo domingo día de elecciones porque la gente no puede acudir a las urnas bajo la duda y bajo la sospecha…

José Blanco siguió diciendo más cosas. Por ejemplo, que el Gobierno, en lugar de ocultar información, debería haber convocado a las fuerzas democráticas para reforzar la unidad política contra la barbarie…

El resto ya lo saben. Los restos de las víctimas eran recogidos desde el momento de los atentados, evitando que fueran grabadas imágenes con el argumento de que podrían resultar indignantes o dolorosas para los familiares. Todo muy correcto en medio de un dolor inmenso que recorría todo el país y que se notaba especialmente en la Comunidad de Madrid, donde estallaron todas aquellas bombas. Casi doscientos muertos y más de dos mil heridos de diversa consideración. Cada vez se conocían más datos que apuntaban hacia la autoría islamista de ese atentado mientras se celebraba una masiva manifestación convocada con el lema de «Con las víctimas, con la Constitución, por la derrota del terrorismo». Manifestación que discurrió en algunos momentos entre gritos de «mentirosos» contra la cabecera en la que iba el presidente Aznar, algunos ministros y miembros de la oposición. Desde las filas del PSOE ya señalaban al Ejecutivo de estar manipulando la realidad, de perpetrar un engaño masivo para ganar las elecciones.

Se celebraron los comicios y ganaron los socialistas. Si debieron celebrarse o no en medio de esas graves circunstancias, como decía mi amigo Ramón Armengod, no lo sé. Es posible. En cualquier caso, un retraso de varias semanas podría haber hecho coincidir la llamada a las urnas con el estallido de aquellos explosivos con los que los terroristas decidieron inmolarse en un edificio de Leganés después de un mortecino canto con versos del Corán. El resultado, según entiendo, habría sido el mismo o peor para los populares. Supongo que estudiaron ese riesgo. Mariano Rajoy perdió las elecciones, acusó el golpe —«Tú y tu maldita guerra», dicen que espetó el gallego a José María Aznar— y José Luis Rodríguez Zapatero se convirtió en el nuevo presidente del Gobierno. De nuevo, los socialistas.

Mucho más tarde, en 2024, supimos que una entrevista pactada desde Televisión Española con el presidente de Estados Unidos y realizada por el corresponsal en Washington, Lorenzo Milá, no se emitió porque el mandatario norteamericano no se refirió a ETA como autora de aquellos atentados criminales, sino que dejaba ese asunto muy abierto. Estados Unidos estaría dispuesto a colaborar para descubrir a los autores, decía Bush cuando el Gobierno aseguraba que los terroristas vascos eran los únicos responsables.

La entrevista se celebró en la embajada de España en la capital norteamericana. Es un gran documento que explica muchas cosas. George Bush pidió hablar en privado con el embajador Javier Rupérez. Este insistió en la versión de ETA, que era la defendida por el Ejecutivo, pero el norteamericano le dijo que según sus fuentes los autores eran otros. Todo lo fuimos sabiendo veinte años después. Era justo lo que quería transmitirme el embajador Armengod.

En aquellos días, y mucho tiempo después, se negaba casi todo. Incluso cuando la versión del yihadismo ya era inapelable, hubo quienes apostaron porque en última instancia habría «habido alguna colaboración entre ETA y los islamistas». Desde el día de los atentados estábamos ante algo que años después se llamó «la verdad alternativa». Un relato diferente a la realidad que puede ser creído y que conviene a un sector de la ciudadanía que quiere seguir apoyando lo que siempre apoyó sin mayores problemas de conciencia. Dudé de todo en medio de mensajes contradictorios, había dudado incluso de Ramón Armengod, que sabía toda la verdad y quiso que yo la supiera también.

El planeta había entrado en una especie de locura… Las relaciones entre el mundo árabe y Occidente estaban peor que nunca. Las guerras se sucedían y también los atentados en esta parte del mundo. Los servicios secretos de todos los países de nuestro entorno, también España, incrementaron el número de especialistas en la lucha contra el yihadismo. La política en nuestro país entró en un camino de confrontación que no ha detenido el paso del tiempo. Las diferentes versiones de los hechos también dividieron al periodismo; un terreno plagado de minas.

Finalmente, la sentencia por el juicio de aquellos atentados fue dictada el día 31 de octubre de 2007. La Sala de lo Penal de la Audiencia Nacional, que presidía el magistrado Javier Gómez Bermúdez, fue muy precisa al considerar probado que los atentados de Madrid del 11 de marzo de 2004, que causaron ciento noventa y tres muertos y casi dos mil heridos, fueron llevados a cabo por una célula islamista sin relación alguna con ETA. Siete de los miembros de ese grupo se suicidaron en Leganés el día 3 de abril de ese mismo año. Lo falso quedó al descubierto.

23

CUANDO TUVE CONCIENCIA DE QUE SI VOLVIERA A NACER SERÍA PERIODISTA

Si volviera a nacer creo que sería de nuevo periodista. Salvo quienes trabajan en medios de comunicación, pocos imaginan el placer de la tensión positiva cuando se edita un informativo. Poner en orden todos esos contenidos, intentar que una noticia suceda a la anterior creando la impresión de que todo está relacionado entre sí. Buscar la fuerza del relato, vivir esas «últimas horas» que te obligan a cambiar todo lo que estaba previsto… y siempre con la máxima de no defraudar. Definitivamente, disfrutaba con el proceso de edición de un informativo de televisión; que las imágenes sean las mejores, las más adecuadas, que el texto sea claro, que responda a la verdad, que a la vez enganche y que el orden, la apertura y la despedida sean indiscutibles.

La mayor enseñanza recibida en este tiempo es que podemos salir adelante de trances complicados si somos capaces de sujetar los nervios y pensar con tranquilidad, porque muchas veces nos comportamos como los peores enemigos de nosotros mismos. Eso es algo que quisiera trasladar con este libro: que nadie es más ni menos que otro; que en todos nosotros existe la capacidad de superación, aunque eso conlleve a veces mucho sufrimiento.

Habían pasado bastantes años, desde 1988 hasta 2004, en que se produjeron aquellos atentados yihadistas en Madrid… Un periodista amigo, que estuvo en los entresijos de mi llegada a la tele de Miró, me llamó para vernos. Estaba ayudando a la nueva directora general de RTVE, Carmen Caffarel, a montar su equipo y me propuso volver a casa. Pero no a Televisión Española, sino a Radio Nacional como director. Empecé a tomarlo en serio porque estaba un poco cansado de que mi vida fuera una especie de trasiego de programa en programa; era como el tópico del jarrón chino: no querían prescindir de mí, pero no sabían dónde colocarme. También quería descansar un tiempo de la cámara, no tener que aparecer todos los días en pantalla. Así que tomé en consideración la vuelta a RNE con la condición de hacer un programa semanal en La 2 de TVE para que la ruptura con la pantalla no fuera total. Por si había que volver. Para entonces podrían haber cambiado las cosas en el mundo de la televisión que dejé, o no.

Era como cerrar un círculo vital: volver a la empresa pública a la que debía tanto por muchísimas razones. También, en cierto modo, era como un sueño cumplido para mi padre. Me quedé lejos de ser aquel botones de banco que llegaba a presidir la entidad, pero esto de ahora —dirigir la empresa en la que había comenzado como estudiante en prácticas— le habría hecho muy feliz. No pudo verlo, mi madre sí, pero me acordé de él. Era como decir, «bueno, de alguna manera he cumplido con vuestros deseos».

Sí, me hacía mucha ilusión la vuelta a casa. Carmen Caffarel era la directora general. El ambiente era optimista y en la radio aún trabajaban viejos compañeros a los que recordaba con muchísimo cariño. Conocía perfectamente aquel edificio marmóreo con grandes escalinatas y espacios inmensos, que había sido trascendental para mi vida hasta ese momento. De joven me parecía un ministerio y con el paso del tiempo adquirió tintes de mausoleo por contraste con la funcionalidad de la cadena privada en la que había trabajado en los últimos años. Cuando entré allí como director, recordaba la primera vez que subí a la primera planta con el resto de los estudiantes en prácticas casi treinta años atrás. Ahora era diferente, hasta tenía dos personas en la secretaría, Luis y Mini, que fueron inolvidables para mí; seguí sus consejos y pude, con la ayuda de mucha gente, hacer que mi cometido saliera medianamente bien.

La vida de aquella casa de la radio había cambiado en muchos aspectos. Por ejemplo, había dejado de escucharse aquel sonido trepidante de las teclas de decenas de máquinas de escribir Olivetti sobre el papel multicalco, tampoco había sala de teletipos a la que llegaban los despachos de agencias nacionales e internacionales. También dejaron de sonar las campanillas que anunciaban la llegada de una noticia urgente. La era digital había comenzado, las noticias llegaban directamente a los ordenadores y la vida era más silenciosa. Más aburrida según creo también, como en otras redacciones de prensa, radio y televisión donde el diálogo con la información era ya algo individual entre el periodista y la pantalla. Ya no se habla como antes… Esa relación con el ordenador es total. Basta con caminar por los pasillos de un medio cualquiera para ver que, aparte de su trabajo, muchos periodistas aprovechan para ver en su terminal la cartelera, hacer unas compras por Amazon, consultar las ofertas de pisos de alquiler por Idealista o entrar en el grupo de padres del colegio de los niños. Definitivamente, en las redacciones se habla mucho menos que antes... Los periodistas nos hemos convertido en seres muy autónomos pendientes del ordenador sin saber si esa persona que hay en la mesa del fondo tiene un problema o si cabría ayudarle en esta o en aquella cuestión. Cosas del presente digital.

Ese tiempo en RNE fue un periodo extraordinario y pudimos hacer cambios que hoy se mantienen en la programación veinte años después, como incorporar algunos programas que venían a definir los nuevos tiempos del país. Espacios enfocados a determinados cambios sociales, particularmente en radio, como *Tolerancia cero* en contra de la violencia machista; *Entiendas o no entiendas,* para la normalización de relaciones con el mundo LGTBI; *De ida y vuelta,* para acompañar a los oyentes y especialmente a los conductores en fines de semana cada vez más cargados de desplazamientos por carretera, etc. También hubo novedades en Radio 1, pero en estos casos, pocas, solo de conductores de programas y de filosofía. Eran dos años, los que duraba mi excedencia, en los que pudimos hacer algunas cosas, aunque añoraba los tiempos de actividad profesional como periodista.

Ocupar la dirección de RNE tiene algo de nombramiento político. De hecho, es un Gobierno —en aquel caso el de Rodríguez Zapatero— el que acepta tu nombre para el cargo.

Eso es así y una vez allí te expones a las críticas de los de un lado o los de otro. Recuerdo que nada más llegar a RNE un miembro socialista del consejo de RTVE y hermano de un amigo mío me dijo:

—Si hubiera sido por mí, tú no serías el director. Hemos ganado las elecciones y necesitamos gente implicada.

Me dolió, pero el encargo que tenía en esos momentos era el de hacer una radio lo más neutral posible y eso procuré. Eran los tiempos del «buenismo», «del talante», que se decía, pero hubo tensiones siempre. Los que ganaron querían más cambios y los que perdieron consideraban que eran un exceso. Lo normal. Pero todo amainó muy pronto para mi sorpresa y aquello empezaba a ser una balsa de aceite. El caso es que al cabo de dos años se terminaba mi excedencia, pero no era nada optimista con mi vuelta a la cadena de televisión que había dejado temporalmente. Es cierto que había iniciado conversaciones para ello y, además, en un tono muy cordial, pero también desde dentro alguien hacía valer su posición y obstaculizaba el regreso... Tenía muchos amigos allí —algunos cerca de la dirección de Informativos— que me ponían de frente a la realidad.

—Va a ser complicado que vuelvas, hay quien dice que estás manchado políticamente y que, además, ya estás amortizado para la tele.

Cuando mi amigo González Ferrari, director de Onda Cero, recibió el encargo de ofrecerme un programa de fin de semana en esa emisora de radio, tuve claro aquello de la amortización.

—Será un programa para ti, a tu gusto.

Tomé en serio la propuesta porque era sincera por su parte, pero...

—No puedo aceptarlo, Javier. No sé. Primero no es lo que esperaba, mi contrato es con la tele. Además, cómo explicar a la gente de RNE, de la que soy director, que los dejo para hacer un programa en la competencia. No, no puedo, salvo que no tuviera más remedio. Pero te lo agradezco.

—Quien da lo que tiene no puede hacer más.

Y es verdad, él no podía hacer más y a día de hoy seguimos siendo muy buenos amigos. Lógicamente. Habíamos sido compañeros en los servicios informativos de RNE, después vecinos —puerta con puerta— en Las Rozas, pero no tenía sentido aceptar la propuesta. Intentaba rebelarme contra eso de que hay opciones profesionales que te pueden manchar, pero nada se puede hacer si «la parte contratante de la parte contratante», que diría Groucho Marx, quiere verlo de esa manera. Estaba orgulloso de mi paso por RNE, siempre he querido a esa empresa con todo mi corazón y siempre estaré dispuesto a colaborar con ella dentro de mis posibilidades, pero se acababa la excedencia y me debatía sobre qué era lo que debía hacer y lo que quería hacer. Estaba sin rumbo. Lo único seguro era la oferta de Ferrari para seguir en el grupo. No me apetecía nada de nada, así que estaba en una disyuntiva: aceptar esa salida o escuchar el viento que circulaba por otros lugares.

24

CUANDO SUPE QUE DEBÍA REINVENTARME. UNA VEZ MÁS

Los dieciocho años pasados en Telecinco han sido los más tranquilos de mi vida, por el trabajo realizado y por los jefes y los compañeros que he tenido, a los que recuerdo tanto que a veces siento que no me he ido del todo. Bueno, también he sumado cantidades industriales de estrés; si pudieran medirse en litros, hoy abarcarían la capacidad de una piscina olímpica. Pero sí, fue un periodo muy especial porque pude hacer el informativo que consideraba, sin presiones —que siempre me han parecido poco admisibles— y porque había alguien en la cúpula de la compañía que las paraba o les daba una larga cambiada…

Esa persona fue providencial para que tuviera otros cuantos años más de trabajo y, además, en unos informativos de televisión, que era, evidentemente, lo que más podría apetecerme. Tenía la posibilidad de demostrarme a mí mismo que no estaba amortizado de golpe y para siempre. La persona en cuestión se llama Paolo Vasile. Nos habíamos cruzado meses atrás en el aeropuerto de Barajas, me saludó y me dio una tarjeta para que le llamara y yo le extendí la mía.

—Hombre… ¿Qué tal? Me gustaría hablar con usted un día —me dijo. Paolo suele ser muy formal en los primeros contactos.

—Lo mismo le digo. Me apetece mucho…

En esa formalidad me recordaba a mi padre, aunque de pequeño me cargara un poco con sus consejos de urbanidad y respeto. Me obligaba a tratar de usted a todo el mundo.

—Lo primero, ¿qué tal está usted?

—Y despedirte con formalidad —le decía yo.

—Por supuesto. Y algo muy importante: la educación no sobra ni entre amigos.

Sí, definitivamente, aunque solo en ese aspecto, me recordaba a mi padre, que, sin ser una persona con estudios, consideraba que nadie era más que otro, pero tampoco menos. Aquel día Vasile y yo nos encontramos. Hablamos de televisión, de mi situación en RNE —todavía me quedaban allí unos cuantos meses y estaba muy bien en ese puesto— y poco más. Vasile andaba con prisas, pero fue muy educado en el trato. Nos emplazamos para vernos, pero no lo hicimos. Yo seguía en RNE y en principio concebía que mi regreso debía ser a la cadena que me había dado la excedencia.

Las empresas de televisión tienen entre sí una especie de puertas giratorias transparentes… No hay ningún secreto. El caso es que unas semanas después de la oferta para Onda Cero me hicieron llegar desde Telecinco una propuesta que estaba bien. No solo estaba bien, hacía años que deseaba algo así.

Un día, Jorge Arqué, presidente de Videomedia, y buen amigo, nos convocó en su casa a Vasile y a mí y hablamos de ese interés de Mediaset para que me encargara de su informativo de las nueve de la noche. Extendió un papel, tenía unos días por delante para leerlo y corregir lo que considerase oportuno. No me dio tiempo a nada. Una filtración precipitó mi firma con el grupo italiano.

Los principios en Telecinco no fueron fáciles. Para empezar, me gustaba su tono y la independencia mostrada durante la crisis del Prestige —la de los hilitos de plastilina que luego derivó en un desastre ecológico de primera magnitud—. Solía verlos y me apetecía trabajar con Juan Pedro Valentín, en ese momento director de Informativos. Lo que pudo ocurrir en la parte alta de Mediaset con respecto a mi fichaje no lo sé; Valentín se fue y a mí me cayó del cielo, como un rayo, la responsabilidad de dirigir aquel departamento. No me apetecía nada, bastante tenía con editar y presentar un informativo, pero asumí el encargo; la verdad es que en ese momento no podía hacer otra cosa. La audiencia subió solo mínimamente, unas pocas décimas, nada importante en aquel tiempo, y recibí el primer recado…

—Hay que hacer algún cambio en el informativo… Es demasiado denso… Mucha política, mucho internacional —me decía Chema Bautista, con quien tracé una buena relación, pero que en aquel momento hacía el papel de enviado de Paolo.

—Pero si damos temas sociales, algún suceso…

—Pues me temo que hay que hacer más… La apuesta de la casa por ti ha sido importante…, pero los resultados no se ven.

—Todavía.

—Cuanto antes… mejor.

El tono era algo más amable de lo que se desprende de una reproducción textual; de hecho, Bautista y yo siempre tuvimos una relación más que cordial... Tomé en serio lo que me decía. Por qué no. Podría estar equivocado en mis planteamientos. Los cambios en la televisión se producen muy rápidamente y hacía varios años que no tocaba un informativo. De nuevo a estudiar lo que hacíamos y cómo podíamos cambiarlo. Siempre conté, como desde la trastienda, con el apoyo de una persona que contrarrestaba mis temores. Era el presidente de la compañía, Aletxu Echevarría, que de vez en cuando me invitaba a comer en modo paternalista para escucharme y darme ánimos en momentos de flaqueza. Fue un hombre importante, decisivo a veces para mí.

Mantuve mi escaleta de pirámides invertidas, pero teníamos que hacer algo diferente... Diferente a lo que hacíamos y diferente a lo que hacían otros. Apostamos por multiplicar los puntos de directo. No era habitual hacer conexiones en los informativos de noche, porque la actividad en el Congreso, en el Senado o en la Moncloa había terminado a primeras horas de la tarde de acuerdo con la nueva política de conciliación familiar. Tanto directo como pretendía no se justificaba, salvo para dar un mayor dinamismo al programa. En la media hora que duraba conectábamos catorce o diecisiete veces con nuestros enviados especiales tratando, además, de embellecer la pantalla. Por ejemplo, la información de la Corona no la ofrecíamos desde aquella especie de gruta oscura que era la entrada del palacio de la Zarzuela..., sino desde el Palacio Real, esa maravilla versallesca que ordenó construir Felipe V. Sacábamos la plaza Mayor o el impresionante edificio de Correos en la plaza de Cibeles. Las conexiones desde Barcelona, desde la Sagrada Familia o desde Montjuic. Lo mismo en otros lugares.

Procurábamos mostrar lo mejor del país y sí, introdujimos algún suceso de más. Era una concesión a la información digamos popular, que antes habría sido incapaz de hacer. La curva de audiencia mejoró ostensiblemente

Los redactores, productores, cámaras y nuestras secretarias participaban de un trabajo entusiasta. Confiaba plenamente en mis magníficos subdirectores Eva Tribiño y Carlos de Francisco —entonces también estaba Ana Ortas—. Todos se implicaban, salvo alguna excepción, para que todo saliera de la mejor manera posible y la audiencia empezó a subir. Al poco tiempo tuvimos un magnífico programa por delante, *Pasapalabra* —que más tarde pasó de Telecinco a Antena 3—, y cuyo efecto arrastre hacía posible que los resultados fueran ya excelentes.

El equipo de informativos vivía un tiempo feliz y la programación estaba muy bien engarzada, todo parecía perfecto. Al cabo de unos meses, con algunos problemas iniciales, había recuperado una cierta confianza. Y llegamos al punto en que podíamos hacer nuestro informativo en el modo y manera que queríamos, aunque Paolo y yo tuviéramos, a veces, sensibilidades distintas. En ese sentido fue siempre muy franco. Desde el principio de nuestra relación.

—Yo ficho a un periodista… y le dejo hacer. Pero me gustaría que encerrara cualquier ideología en el capó del coche antes de entrar a la redacción.

—No te preocupes… —le dije con una sonrisa.

Hay algunos aspectos que tienen su gracia respecto a mi fichaje por Mediaset. Cuando me entrevisté con Vasile yo pesaba ciento doce kilos, diecisiete más que ahora. En mi tiempo como director de RNE y una vez hecha la programación, tenía que visitar emisoras, acudir a eventos… y pasaba lo que pasaba.

—Este choricito de La Rioja es espectacular. Seguro que no ha probado otro igual.

Y así por donde iba. En Galicia comí pulpo a mansalva, en Valencia paellas, en el País Vasco, donde entregué al Orfeón Donostiarra el premio del disco más vendido del sello de RTVE, me puse de pinchos hasta los ojos… En fin, que sin darme cuenta me hinchaba y me hinchaba. Tuve un aviso de mi excesivo engorde durante un viaje a Cuba. Fue en La Habana, donde el conductor de uno de esos pequeños coco-taxis me hizo bajar del vehículo para que este pudiera subir una cuesta; yo tuve que hacerlo sudando y caminando.

Cuando veo las imágenes de mis primeros informativos en Telecinco, me digo: «No entiendo cómo Vasile pudo ficharme». Además, cuando nos encontramos en la casa de Arqué para hablar del contrato, yo iba con muletas. Tenía un desesperante dolor en el pie izquierdo por un ataque de ácido úrico, consecuencia de tanto representar a RNE por España con la consiguiente ingesta de casi todo. Hay quien se controla mejor, yo no podía… Recuerdo que en las primeras reuniones de dirección en Mediaset Paolo invitaba a desayunar con unas bandejas que contenían pequeños bocadillos de jamón, queso o embutidos. Al cabo de un par de meses decidió retirarlos a causa de mi voracidad incontrolada.

Vasile, al que tanto aprecié por distintas razones, no fue muy generoso, sin embargo, en medios o decorados para los informativos. No gastaba un euro bajo la convicción de que «lo que funciona no hay que cambiarlo». Hoy, con los estudios tan grandes, enormes en informativos, con los paseos delante de una enorme pantalla de realidad virtual —ya ven, hasta los decorados empiezan a ser *fake,* pero brillantes y muy efectivos para el discurso informativo—, los presentadores necesitan tener, además, juventud o cuerpo joven, toda su cabellera… Bueno, a mí me salvó mirar siempre de frente a la cámara y la propia «mesa del telediario», como la llamamos, que cubría mi más que voluminoso abdomen… En cualquier caso, fue una buena etapa, la más enriquecedora de mi vida profesional y con muchos aprendizajes. A falta de un set de informativos brillante —que tanto anhelaba— teníamos aquel trozo plastificado del *skyline* de Singapur, que —no lo digo por presumir, claro— ha sido sin duda el fondo de un estudio de noticias más rentable de la historia de la televisión. Los presentadores éramos realmente el decorado del informativo y teníamos que aprender a atraer al espectador con rigor, equilibrio y también con la mirada, con el gesto, que, al menos para mí, tiene su importancia.

En esa cadena he podido informar de todo lo acontecido durante dieciocho años… El final del terrorismo de ETA, el terremoto de Haití desde Puerto Príncipe con más de doscientas mil víctimas, los casos de corrupción que han afectado al Partido Popular, los del PSOE en Andalucía, la victoria de España en el Mundial con el gol de Iniesta y el beso de Iker Casillas y Sara Carbonero, la abdicación de Juan Carlos I, la victoria de Rajoy y luego la llegada de Pedro Sánchez a la Moncloa, la erupción del volcán de La Palma desde su misma ladera, la guerra de Ucrania, o la tragedia de Angrois cerca de Santiago de Compostela y muchos acontecimientos más, fundamentalmente la durísima pandemia de COVID, aparte de decenas de entrevistas a dirigentes políticos. ¡Ay, las entrevistas! Qué disparate con las entrevistas.

Recibir y preguntar a los candidatos de los partidos antes de unas elecciones no es tarea fácil. No por las preguntas en sí, sino por la lupa que se pone a esos encuentros. He leído, acerca de una misma entrevista: que he sido educado con el invitado, aunque duro, o que he sido blando, casi una alfombra. Todo dependía de los ojos del comentarista o del juez televidente más que de mí o de la entrevista en sí. Las más discutidas han sido las realizadas al presidente del Gobierno, a Pedro Sánchez, objeto de dura crítica, señalamiento y animadversión en redes y en determinados medios. No se imaginan lo que es preparar una entrevista al jefe del Ejecutivo con el criterio de preguntar por los asuntos que de verdad preocupan, mientras te llegan mensajes como…

—Tienes que atornillar a Sánchez.

—Dale caña. No puede salir vivo de Telecinco…

Y no digamos lo que ocurría con Pablo Iglesias antes, durante y después de que apareciera conmigo en cualquiera de las entrevistas que le hice. No eran pocos los que pretendían que no saliera en pantalla ni cuando era candidato ni cuando era vicepresidente. Claro que, con el líder de VOX, Santiago Abascal, pasaba algo parecido, aunque menos.

Me he tomado muy en serio las entrevistas… y sobre todo no perder el equilibrio en esos encuentros. No torcer el gesto con nadie y no dejar que nada pudiera influirme. Preparaba mi cuestionario, y contaba para ello con mi subdirector, Carlos de Francisco, y con la jefa de la sección de nacional, Rosa Lerchundi, para que las preguntas y las posibles repreguntas fueran interesantes. Se trataba de poner ante el entrevistado los asuntos más preocupantes para los ciudadanos y procurar sacar alguna exclusiva. Por allí pasaron Zapatero, Rajoy, Feijoo, Iglesias, Albert Rivera, Pablo Casado, Abascal y, por supuesto, Pedro Sánchez. Hay quienes entran a la pregunta directamente, quienes no disimulan y contestan a lo que sea, quienes traen la respuesta de casa y preguntes lo que preguntes te la sueltan… En cualquier caso, he procurado ser siempre educado y firme; no hace falta llegar a ningún grado de agresividad que, según creo, siempre pone al entrevistado a la defensiva y termina por no contar nada abrumado por la desconfianza. Cada maestrillo tiene su librillo y el mío era ese.

Si hay un asunto que siempre me dolió de especial manera a lo largo de mi vida es el de los atentados de ETA, que mataron a centenares de personas, casi novecientas, y dejaron heridas a muchas más, bastantes de ellas de gravedad. Ya he hablado de todo esto en el capítulo dedicado a Irene Villa…

El otro gran problema que viví preocupadamente como individuo y como informador fue el de la pandemia de COVID. Personalmente creo haberla sufrido en el mes de febrero de 2020. Me diagnosticaron una neumonía, tomé los antibióticos que me recetaron, pero no vi mejora alguna. No me podía mover… Llamé al hospital y me recetaron más antibióticos. Afortunadamente, al cabo de unos quince días ya me encontraba algo mejor y empecé a trabajar, pero desde mi despacho, sin contacto con nadie por precaución. Pasadas un par de semanas contamos en nuestro informativo que dieciséis personas habían muerto por COVID en el norte de Italia… Abrimos con esa noticia y alguien desde las redes nos llamaba alarmistas.

Fue en ese momento cuando empecé a pensar seriamente que lo que yo había pasado pudo ser ese maldito virus que vino de China, pero nunca estuve del todo seguro.

Todo se desarrolló a velocidad de vértigo. Se registraban más y más contagios. A España llegó por medio de unos turistas alemanes de vacaciones en La Gomera. Se les aisló y enseguida se registraron más y más personas, miles de ellas en todo el país con el maldito virus. Empezaron a registrarse víctimas y el 8 de marzo tuvo lugar la manifestación del Día de la Mujer con menos participación que en la edición anterior, precisamente por el temor al contagio. Yo pensé que no debía llevarse a cabo. Muchas mujeres, algunas bien conocidas que encabezaban la marcha, terminaron contagiadas. No entendí que se celebrara cuando solo un mes antes, en febrero, se canceló en Barcelona el Mobile World Congress por el temor al contagio.

Cada jornada había nuevos casos, se multiplicaban, y el día 14, el Gobierno decretó el estado de alarma para todos nosotros. Las cosas se precipitaron en medio de una sensación de terror ciudadano. Nadie sabía qué era aquello. Los Gobiernos de distintos países se cruzaban mensajes y estaban atentos a lo que hacía cualquiera de ellos, los científicos comunicaban sus impresiones, pero poco más se podía hacer; no se sabía ni lo que era el virus ni cómo combatirlo. En Italia y en Francia habían comenzado los confinamientos que enseguida llegaron a España porque el virus era una incógnita para todos; no había mascarillas ni medicamentos específicos y menos aún vacunas, que no llegaron hasta seis meses después. Pasamos de la normalidad al encierro de un modo casi instantáneo mientras nuestros ojos se acostumbraban a los funerales sin testigos y a los sanitarios enfundados en las EPI, esas ropas de especial protección que no dejaban ni un milímetro de la piel a la exposición al virus. Hicieron un trabajo extraordinario, que era reconocido todos los días por ciudadanos que a las ocho de la tarde aplaudían desde sus ventanas y balcones. Estalló otra fiebre, la de la solidaridad, y llegamos a pensar que cuando pasara la pandemia todos habríamos aprendido mucho y seríamos mejores, pero no creo que eso haya ocurrido.

En los primeros días de confinamiento, que duró entre el 15 marzo y el 21 de junio, alguien publicó un tuit desde el extremo derecho de la vida que decía algo así como «estamos con los agricultores, no con los titiriteros», como si la gente de la cultura no mereciera el respeto siquiera de ser tenidos como las víctimas que eran también de esta situación. Raphael emitió el suyo: «Soy un titiritero», reivindicando la función de los cantantes, músicos, actores, escritores… En fin, de todos aquellos que con su trabajo nos entretienen, los que nos hacen vivir y soñar con realidades diferentes, los que nos emocionan… y me dije: «Todos los días trataremos de entrevistar a alguno de ellos».

Y pusimos en marcha un plan para tener con nosotros a través de medios digitales a los creadores e intérpretes que, como el resto de los ciudadanos, habían dejado de trabajar y que vivían confinados en sus domicilios. Y por nuestra pantalla aparecieron el propio Raphael, Joan Manuel Serrat, Antonio Muñoz Molina, Antonio Resines —antes de sufrir un durísimo COVID que estuvo a punto de acabar con él—, el Mago Pop, que nos hizo unos maravillosos trucos en directo, o el imitador Raúl Pérez. Actores, directores de cine, compañeros de televisión, filósofos… Todos aquellos que fueron contactados aparecieron por Telecinco para contarnos cómo era su confinamiento y para animar a los españoles a seguir resistiendo a la espera de una vacuna o que el poder letal del virus amainara.

Fue un trabajo de servicio público en el que tratábamos de dar siempre una información rigurosa, como otros medios, con la colaboración de expertos y responsables de servicios sanitarios españoles e internacionales. No les oculto que cuando llegábamos a la cifra de casi mil fallecimientos al día, pensé que esto se acababa para todos. Solo en 2020 las muertes superaron la cifra de ochenta mil, pero llegó la vacuna y el rango de víctimas y contagios diarios empezó a descender. Todavía se dan casos, el COVID sigue entre nosotros, pero las consecuencias gracias a la inmunización progresiva, según creo, son mucho menos graves. Tuve, como todos, momentos de esperanza y desesperanza y un cierto orgullo por mi profesión que, salvo pequeñas excepciones, se dedicó a mantener informada a la población de tan difícil periodo, dando apoyo a los sanitarios y haciendo un seguimiento de cuantos avances se iban produciendo en el terreno de la investigación.

Al realizar un trabajo de los considerados esenciales, el de informar, teníamos que portar un documento impreso, a modo de salvoconducto, para poder atravesar, en mi caso con Víctor, conductor y amigo, las calles y carreteras que me conducían hasta el edificio de Mediaset, en Fuencarral. Todo era un desierto, como si hubiera estallado una bomba de neutrones. ¿Recuerdan? Sí, aquella que Estados Unidos empezó a ensayar en los años setenta; un potente explosivo nuclear que mataba la vida, aunque uno se refugiara en sitios estancos, pero que respetaba los edificios, los centros de producción o las obras de arte. Sí, era como si en Madrid, en toda España, en todo el mundo se hubieran lanzado cientos de bombas de neutrones. Nadie en las calles. Solo me crucé con personas que hacían la compra o que aprovechaban la tenencia —decían que préstamo también— de perros para salir de paseo… Nadie.

Lo peor fue saber cómo morían miles de ancianos en domicilios o en residencias. En muchos casos, lo que estaba oculto se convertía en tremendo dolor cuando conocíamos el número de víctimas y su forma de fallecer, en silencio, con sufrimiento y con la sola compañía de trabajadores que no daban abasto. Muchos no fueron derivados a hospitales en medio de un despropósito polémico todavía y cuando fallecían se les enterraba en la más absoluta soledad. Pabellones deportivos se convertían en improvisadas morgues y todos empezamos a conocer identidades de personas conocidas o familiares que desaparecían de entre nosotros por la fuerza de aquel virus. Entre ellos mi primer maestro en esto del periodismo, Eduardo Cantos.

Y un día empezaron las protestas en un significativo barrio del centro de Madrid, conocido como la milla de oro. Caceroladas —a imagen y semejanza de las que cuestionaban a Salvador Allende en Chile— y gritos contra el Gobierno por lo que consideraban mala gestión de la pandemia. Habían tomado una pequeña zona de la calle de Núñez de Balboa en pleno confinamiento. No eran muchos, solo unas decenas de personas, pero su ejemplo cundió pronto en alguna otra ciudad. Todo a la misma hora en que la mayoría de los españoles salían a sus terrazas y ventanas a apoyar la labor de los sanitarios.

Finalmente, las vacunas fueron teniendo efectos más visibles: se reducía el número de fallecimientos y de contagios hasta llegar a una aparente normalidad. Aun así, ese tránsito no impidió el estallido de *fake news* para cuestionar la conveniencia de pasar por los centros médicos para recibir esa dosis de Pfizer, de AstraZeneca, de Moderna o de cualquier otro laboratorio con la que frenar la pandemia. Por ejemplo, aquel bulo tan extendido de que el objetivo de la vacunación era instalar unos microchips con los que controlar nuestra voluntad o que la vacuna era causa de más muertes, enfermedades y deformaciones. Como consecuencia del confinamiento, muchos ciudadanos dedicaban parte de su tiempo a consultar en Internet todo tipo de cuestiones al respecto de la pandemia y encontraban respuestas de ese tipo que algunos creían y también difundían; otros lo harían por mala voluntad, simplemente.

Los científicos y médicos ya no sabían qué hacer para desmentir aquel derroche de malvado ingenio. Bueno, lo de que alguien pueda creer en la inyección de microchips no parece tan descabellado si tenemos en cuenta que cada vez encuentro más «terraplanistas» que no entienden por qué si la Tierra es redonda, no caemos de cabeza en el espacio en cualquiera de los giros del planeta. Los adversarios del cambio climático parece que también pertenecen a ese club del negacionismo. Clima, vacunas y terraplanismo: las nuevas banderas de quienes desean «un orden nuevo». Unos credos que tienen más enseñas, sobre todo la lucha contra la inmigración.

25

CUANDO LA HISTORIA
NOS HABLA DEL PRESENTE

Muchas veces me he preguntado si los mensajes de odio que circulan por las redes y por medios digitales pueden hacer temblar los cimientos de la democracia, al menos los fundamentos de la democracia tal y como ahora la conocemos.

Me gustaría hablarles de un país no muy grande, apenas diez millones de habitantes. Pequeño pero influyente para quienes consideran que el autoritarismo es el modelo.

Conozco la capital húngara desde antes de que Viktor Orbán y su partido Fidesz llegaran al poder y se convirtieran en una fuerza imbatible, al menos por ahora. Fue hace quince años cuando tuve allí una extraña sensación, como si algo de mí perteneciera a ese lugar. Ya sé que es absurdo y, sin embargo, me ocurrió. ¿No les ha pasado nunca que, al visitar un lugar en España o en el extranjero, sienten que ya han estado allí o que cuando pasean por sus calles lo hacen como si fueran unos ciudadanos más y no unos simples turistas?

Imagino que todo comenzó hace mucho tiempo, cuando visité Budapest durante un par de días y se me antojó hermosa pero negruzca, con edificios bellísimos pero dejados a la autodestrucción por la mano desdeñosa de los Gobiernos comunistas. Mi interés por ella empezó cuando los magiares que conocí en Londres, en el curso de una beca de la BBC —yo era redactor de Radio Nacional de España y algunos de ellos médicos o traductores miembros del Partido Comunista de János Kádár—, me impresionaban con aquellas postales de la ópera, el puente de las Cadenas o los baños termales que han hecho de la capital húngara, junto con la música clásica y su vida nocturna, uno de los destinos más importantes del panorama turístico europeo.

Mi afecto hacia Budapest se incrementó con la maravillosa vista del Parlamento reflejado en el Danubio que me envió mi amiga Emőke Danyi… Pero lo que me ató a ella fue una visión personal entre la puerta del Mercado Central y el inicio de la peatonal calle Váci. El enamoramiento, si es posible hablar de amor a una ciudad, fue casi instantáneo; sí, fue algo emocional, tanto que a las pocas semanas ya estaba preguntando por la posibilidad de hacerme con una vivienda en ese lugar. La verdad es que, comparado con el español, el mercado inmobiliario de aquel país estaba por los suelos, y con unos sesenta mil euros cualquiera podía hacerse con una propiedad; por ejemplo, un apartamento de dos dormitorios en la calle Cserhát, junto a la plaza de los Héroes y la avenida de Andrássy, que es patrimonio de la humanidad.

Había más elementos que hacían de Budapest una ciudad especial. Por ejemplo, que una buena parte de su vida gira en torno a la música. Allí está la Academia Liszt, creada por el genial compositor húngaro, y, por supuesto, la Operaház, su teatro de la ópera, con el que los nacionalistas magiares querían epatar a los vieneses en tiempos de Sissi. Durante el periodo comunista había excelentes representaciones, pero lejos de la riqueza escénica de otras capitales europeas. El brillo ha vuelto con el desarrollo turístico y con ese edificio magníficamente restaurado.

Un día de agosto de hace catorce años, en la fiesta del patrón, san Esteban, me encontré frente a una manifestación de gentes uniformadas con camisa blanca, chaleco y gorra negros. Eran los miembros de Jobbik, el partido ultraderechista de Hungría que la emprendía de vez en cuando contra los gitanos del país —dando palizas o quemando algunas de sus humildes casas— para mostrar su rechazo a esa comunidad. Aquella celebración ponía los pelos de punta.

Al año siguiente envié un equipo de Informativos Telecinco a Hungría para relatar cómo eran, qué pensaban, qué hacían estos ultras uniformados. Mis compañeros volvieron espeluznados, emitimos los reportajes… y, la verdad, creo que desgraciadamente pasaron bastante inadvertidos. A muchos de los chicos de Jobbik se les puede ver en los gimnasios de Budapest o como miembros de la seguridad de discotecas y *ruin bars*. Antes odiaban a los judíos, hoy también a los gitanos o a los musulmanes porque, como suele pasar en los extremos, su alimento es el odio.

Hungría es un país de mucho sufrimiento con una larga historia marcada por su lucha identitaria de raza y lengua. La derrota en la Primera Guerra Mundial significó la división del territorio y su reparto entre otros países limítrofes. Para entender lo ocurrido basta con saber que el gran músico Ferenc Liszt nació en la ciudad húngara de Raiding, que hoy pertenece a Austria; algo parecido ocurre con el escritor Sándor Márai, nacido en la ciudad húngara de Kassa y que hoy, con el nombre de Košice, pertenece a Eslovaquia.

Tras la Primera Guerra Mundial llegó la segunda y los líderes magiares confiaron en Hitler para recuperar «lo que la historia les arrebató». Pero los alemanes fueron derrotados. Las cosas quedaron como estaban.

El nacionalismo se hizo más fuerte, siendo la causa de que Hungría se haya convertido en los últimos años en el faro que guía a buena parte de los ultras del continente. Lejos de aquella radicalidad violenta de Jobbik, el partido de Orbán —Fidesz— ilumina desde su idea «iliberal» —a medio camino entre el liberalismo y el autoritarismo— a partidos que Occidente considera de extrema derecha, y, además, según distintas informaciones, un banco próximo a Orbán presuntamente financió a Marine Le Pen en Francia y a Vox en España. No sabría decir, sin riesgo de error, si Orbán es impulsor o mero intermediario en este afán por influir y modificar la política europea, la democracia en Europa tal y como la hemos entendido hasta ahora. En cualquier caso, los intentos de formar una especie de organización global de derechas nacionalistas han cobrado un nuevo impulso tras la elección de Milei en Argentina y Trump, con su poderoso lugarteniente y casi jefe de propaganda, Elon Musk, en Estados Unidos. Algunos pasos podrían darse en ese sentido.

En el jardín del primer ministro Viktor Orbán, elevado en las colinas de Buda, se dan cita muchos de estos dirigentes, y en medio de los efluvios del vino de la región de Tokaji —dulce y amargo como la vida— piensan y tal vez esbozan el futuro de un continente alejado del conformismo que según dicen ha convertido a Europa en un espacio «débil, izquierdista y asaltado por la inmigración».

Nada más escribir las líneas de más arriba, he leído en el diario *El País* que el veintiséis por ciento de nuestros jóvenes prefiere «en algunas circunstancias» el autoritarismo a la democracia. De ser cierto, estamos ante un problema que se agrava. Algo falla en el modo en que hemos contado y nos han contado la historia, la española y la europea, y algo influyen los mensajes extremistas que circulan por las redes, así como la dejadez o el acompañamiento de quienes piensan que se pueden beneficiar electoralmente de ellos. Hay demasiada atención a la propaganda y poco interés por la realidad de los datos, y eso hace que los extremos se vengan arriba.

La ex secretaria de Estado norteamericana, Madeleine Albright, estaba convencida de que determinados comportamientos y mensajes abren la puerta al autoritarismo más radical. En su libro titulado *Fascismo, una advertencia* —el título ya lo dice todo—, recordaba al presidente norteamericano Harry Truman, quien consideraba que, si bien Mussolini y Hitler habían muerto, las semillas del fascismo y el nazismo habían echado raíces en los cerebros de muchos fanáticos.

Con el paso de los años, el número de jóvenes atraídos por el autoritarismo o la extrema derecha ya no es algo exclusivo de Hungría... Pensamientos que creíamos perdidos en los años cuarenta recorren de nuevo nuestro continente. España también. No es ajeno a todo ello el progresivo caos desinformativo que parece ahondar en la idea de que nada va bien para imponer poco a poco un pretendido nuevo orden autoritario. Es cierto que las democracias han dado señales de flaqueza. La política se aparta del camino de la regeneración y ha dejado vía libre a la antipolítica, que aprovecha cualquier resquicio para avanzar.

Un magnífico escritor húngaro, Imre Kertész, premio nobel de literatura, consideraba a su país como una anomalía en Europa; algo que expresa en toda su obra, pero sobre todo en su libro póstumo, *La última posada.* Sufrió a los nazis y a los comunistas… y su relato suele estar construido sobre una queja amarga contra el totalitarismo, de izquierda o derecha. A los quince años fue llevado a los campos de concentración. Estuvo en Auschwitz y Buchenwald, y de aquella experiencia surgió su gran libro *Sin destino,* pero más adelante, durante el comunismo, sufrió la censura y después el exilio. Era judío y nunca olvidó, ni siquiera cuando estaba a las puertas de la muerte, los peligros de los extremos. Un día, en Budapest, su ciudad natal, conducía su coche por calles cercanas al centro. Estaba detenido ante un semáforo en rojo cuando vio que se acercaba un grupo de jóvenes, tal vez cercanos al partido ultra Jobbik. Iban ataviados con camisetas negras y alguno blandía un bate de béisbol. La simple visión de estos jóvenes le trajo el recuerdo de tiempos pasados. El semáforo seguía en rojo, no cambiaba con la rapidez que él habría querido, y se orinó de miedo en los pantalones.

26

CUANDO LA INFORMACIÓN NO DEBE MENTIR Y LA OPINIÓN DEBE SER LIBRE

En los últimos años, y al amparo de las redes sociales, hemos conocido un incremento de bulos, *fake news* y todo tipo de patrañas junto con el nacimiento de una inteligencia artificial generativa que tanto ayuda a crear una irrealidad, a veces con intenciones nefastas. La verdad no existe como valor absoluto, pero lo peor es que empieza a sucumbir como consecuencia de tanta sobreinformación llena de contradicciones.

No son pocos los jóvenes y no tan jóvenes que se dicen informados por X, Instagram, TikTok o WhatsApp. Muchas de las informaciones que se reciben por esos medios son simples, de trazo grueso. Cuentan la realidad, incluso la realidad política en tres o cuatro líneas y con eso sus seguidores o suscriptores tienen la impresión de saberlo todo. Cada día que pasa, los ciudadanos, tengamos la tendencia política que tengamos, la tendencia política legítima que tengamos, empezamos a comportarnos como hinchas radicales de un equipo de fútbol a quienes la pequeña faltita del contrario les parece siempre penalti y los penaltis propios apenas faltitas sin importancia. Las redes se han convertido en el terreno del «hooliganismo» digital con llamadas a eso de «lo que no te van a contar los medios tradicionales».

«La información no debe ser mentirosa y la opinión es libre», nos enseñaban en las facultades de Periodismo, pero cada vez somos más frágiles o más incapaces de distinguir entre la mentira, la mentira a medias, la verdad y la media verdad. Si el ser humano se caracteriza por su capacidad de pensar, y sobre todo de discernir, no me negarán como cierta la preocupación expresada por filósofos como George Steiner. ¿Cómo poder elegir correctamente cuando sufrimos este bombardeo de noticias interesadas, inciertas y contradictorias?

Creo que, como otros, he tomado decisiones muy rápidamente. No diría que lo hice a la ligera, pero sí con premura y a veces, estoy seguro, sin la necesaria reflexión. Los medios audiovisuales exigen decisiones rápidas. El problema es que los informativos llegan a una hora determinada, no esperan a que tengamos puntos de vista absolutamente objetivos, exactos sobre las cosas que pasan. Además, sería imposible y muchos, salvo los infalibles de cuya existencia dudo, hemos tenido fallos e imprecisiones… ¿Deberíamos imponer una mayor reflexión y mayores cautelas a la hora de elaborar las noticias en este tiempo de desinformación creciente? Claro que sí.

Los bulos, las campañas y los señalamientos han existido siempre. Hay uno en particular del que me avergüenzo todavía. Fue en 1995, antes de las redes, antes de las *fake news*, antes de la inteligencia artificial. Sí, mucho antes de todo eso ocurrió algo que pareció volver locos a muchos medios de comunicación y a muchos periodistas, entre los que me cuento. El mal de muchos no me consuela en este asunto. Me refiero al caso Arny.

Un día empezaron a llegar informaciones desde Sevilla acerca de unas supuestas denuncias de abusos a menores. Los abusadores señalados eran personajes muy conocidos de la llamada farándula y de la televisión. Las noticias, si es que podemos llamarlas así, implicaban también a un juez de menores. Era un caso aparentemente feo, turbio, contra el que se lanzó una vorágine informativa como si estuviéramos ante una especie de Sodoma y Gomorra del mundo moderno. Ya lo pueden imaginar, supuestos jóvenes inocentes sometidos a la lujuria de unos cuantos famosos. El caso era mentira, falso de toda falsedad. Creí, muchos creímos que era cierto, pero no lo era. Me avergüenzo al pensar cómo nos tragamos aquello que significó una injerencia en la condición sexual de muchas personas, la pérdida de contratos para algunos de ellos, y todo un calvario judicial y personal para la mayoría. Me pregunto cómo no nos pusimos antes en alerta contra este tipo de denuncias sin justificación. No se respetó la presunción de inocencia y alguien fue divulgando interesadamente el sumario para provocar ese maremoto. Creo que muchos aprendimos la lección. Eso sí, después de muchas tensiones, de mucho dolor también.

En política también hubo, hay y habrá mentiras y bulos. Cada día vemos cómo distintos medios, sobre todo en redes, crean una realidad diferente o una irrealidad que muchos prefieren creer simplemente porque les conviene. El intelectual italiano Umberto Eco ha descrito la situación que vivimos como «la fuerza de lo falso». Cuando una mentira forma parte de la conciencia colectiva, es difícil, imposible eliminarla… Son mentiras repetidas que se convierten en una verdad admitida por muchos. En medio de todo esto, Minos, el personaje de Theodor Kallifatides en *Una paz cruel,* se me antoja de una gran ingenuidad. Mentía porque consideraba que la verdad es tan tediosa como una resaca. Pero hoy no se miente para conjurar el aburrimiento, sino para influir, para controlar, para modificar la opinión y las creencias de las personas.

Estamos en un mundo en el que cada cual va teniendo su verdad o sus mentiras preferidas. Las noticias y bulos que se publican animan a eso del rencor que algunos parecen guardar en un termo para servirlo siempre a la misma temperatura: hirviendo.

Desde hace algunos años los avances tecnológicos ponen en manos de unos y otros una mayor capacidad de ataques. La posibilidad de acuerdos políticos entre izquierda y derecha se aleja porque cada vez se odian más; el mundo digital los lleva y nos lleva a la aversión.

El mundo de las redes, tan positivo para tantas cuestiones relacionadas con la comunicación, no es ajeno a la degradación del conocimiento, de la información y de la política en general; la española también. Los debates cada vez más acalorados del Parlamento nacional y de algunos autonómicos, los discursos de odio que transmiten muchos mensajes en la red —curiosamente la mayoría redactados por defensores anónimos de las posturas más extremas— han conseguido convertir a los ciudadanos en actores de la inquina y la descalificación. La política ha trasladado a la calle su idea de crispación. Entre la verdad y la mentira, entre la información y la propaganda, hay un espacio cada vez más estrecho. Es tal la cantidad de material falso circulante que un día, más pronto que tarde, seremos incapaces de reconocer una sola certeza. Ojalá que no.

Tampoco es un problema exclusivo de España o de Europa. Demos una vuelta por Estados Unidos o por otros países de América y veremos que esto de la crispación y la polarización está más que extendido y en determinados casos con una gravedad muy preocupante. A veces, las consecuencias son dramáticas.

En 2024 Donald Trump ha conseguido volver a la presidencia al ganar las elecciones a la candidata demócrata, Kamala Harris, pero ha sufrido dos intentos de asesinato en plena campaña. También hemos sido golpeados por otras intentonas en Europa, como los disparos en mayo contra el primer ministro de Eslovaquia, Robert Fico, que le dejaron gravísimamente herido, o la agresión callejera a la primera ministra de Dinamarca, Mette Frederiksen, en el mes de junio, también de 2024.

Si me permiten, me gustaría hacer un breve apunte de las consecuencias más fatales de los bulos y la difamación en la historia. El nacimiento del irredentismo alemán durante la República de Weimar —que luego dio paso al nazismo— encontraba justificación en la durísima crisis económica agudizada por las sanciones y los costes de la derrota en la Primera Guerra Mundial. El empobrecimiento fue muy importante. También fue dolorosa la escisión de una parte de su territorio, el diez por ciento, con toda su población tal y como dispusieron las potencias vencedoras. Los grupos nacionalistas más radicales encontraron para su odio una víctima propiciatoria: los judíos, y entre ellos el ministro de Exteriores, Walther Rathenau. Una figura llamativa; era judío, pero no sionista; quería la integración hebrea en Alemania, pero fue cuestionado por su raza, por su riqueza —su padre fundó la compañía AEG— y por no haber conseguido una reducción notable de las reparaciones de guerra que su país debía abonar. Sufrió una campaña de desprestigio y de señalamientos en la prensa, en octavillas que se repartían por la calle y en pasquines que se colocaban en centros públicos, fundamentalmente en las iglesias. El día 24 de junio de 1922 fue asesinado por nacionalistas de la llamada Organización Cónsul cuando viajaba en su coche.

¿Se imaginan lo que habría sido del nazismo en caso de que Joseph Goebbels, el ministro de Propaganda del Tercer Reich, hubiera contado con un arma tan poderosa como Internet? ¿Y si, además, tuviera de su lado a unos cuantos *influencers* en distintos países de Europa y de América? Probablemente Adolf Hitler habría dominado el mundo tal y como temía el gran escritor e intelectual austríaco Stefan Zweig, que —recordamos— acabó quitándose la vida en Brasil ante esa perspectiva, ante ese horizonte tan negro. Lo de Rathenau fue un simple aviso de lo que vendría después.

Aquí en España hubo crímenes políticos en el pasado, como los disparos que acabaron con la vida del jefe de Gobierno, Cánovas del Castillo, en 1897, el intento de acabar con la vida de Alfonso XIII en Madrid el mismo día de su boda en 1906, el acribillamiento del coche del primer ministro

Eduardo Dato en 1921, o el asesinato del diputado derechista Calvo Sotelo en 1936, que sirvió para precipitar la Guerra Civil. También el atentado de ETA que costó la vida de Carrero Blanco en diciembre de 1973.

Desde entonces, afortunadamente, no se han producido acciones de este tipo. Lo que sí ha habido es —llamémoslo así— una agresión «en efigie», como se decía en tiempos de la Inquisición cuando se quemaba en la hoguera a condenados que era imposible ajusticiar, bien porque habían escapado a los tribunales, bien porque habían muerto durante el proceso judicial. En efigie condenaron unos exaltados al presidente del Ejecutivo español mediante una representación grotesca de su imagen colgada en la conjunción de las calles Ferraz y Marqués de Urquijo. Hubo gente que golpeó con saña aquella figura, algo en lo que la justicia no ha visto ni el más mínimo atisbo de delito. Revisadas las imágenes, sí que se aprecia bastante agresividad en medio de un sentimiento que no parecía precisamente espontáneo. El espectáculo, tierno no era.

Fuera de la tensión y los intereses políticos que provocan los bulos y las noticias falsas, hay motivos ciertos para el descontento. Y todo ello aun reconociendo los buenos datos de crecimiento o la positiva reducción del desempleo, que sigue siendo uno de los males de nuestro país. Me refiero a cuestiones como el gravísimo problema de la vivienda.

—Cobro poco más de novecientos euros… Vivo lejos de Madrid en una habitación por la que me cobran quinientos euros… El resto es para comer malamente y el transporte…

Cientos de miles de personas en nuestro país cobran sueldos miserables. ¿Cómo acceder a una vivienda, aunque sea en alquiler, con esos salarios? Sí, ese es el asunto que más preocupa en España. Suben los precios como consecuencia de que muchos propietarios prefieren las rentas que pueden llegar a pagar los turistas a las de los inquilinos tradicionales. En cuanto las personas arrendatarias abandonan o son empujadas a abandonar el lugar que habitan, el piso se coloca como vivienda turística y suben la renta mensual un veinte, un treinta y hasta un cuarenta por ciento. Para colmo, la entrada de grandes inversores extranjeros ha puesto el precio de las viviendas de las grandes ciudades y de la costa a niveles de absoluta esquizofrenia y, desde luego, inasequibles para los salarios de nuestro país. Esto produce mucha frustración y mucha infelicidad y por eso las manifestaciones multitudinarias. En muchas de esas concentraciones había lemas como estos: «La vivienda es un derecho, no un negocio», «Bajemos los precios», «Huelga de alquileres».

Estamos en una situación muy complicada porque son muchísimas las personas, las familias que no pueden más. Antes de que el estallido sea fatal, desde el Gobierno se habla de poner en marcha la construcción de miles de viviendas para compra o alquiler a precios reducidos. Se trata de que muchos ciudadanos, españoles e inmigrantes, tengan acceso a una vivienda digna como exige la Constitución y para acabar con esa especulación de ventas y rentas. La solución tarda y tardará aún más. Es muy difícil, se ha perdido demasiado tiempo desde que se avistó el problema y hay también excesivos intereses en juego.

La crispación política que vivimos es una especie de muro que impide hablar de los problemas reales del país. Por ejemplo, hay quien sigue hablando del problema de ETA como si aún siguiera matando y su disolución fuera algo irreal, o entramos en las acusaciones mutuas de corrupción cuando pocos pueden presumir de tener las manos limpias. Hubo un tiempo en que durante las reuniones previas al informativo tratábamos la cuestión de la emergente polarización política como algo que podría tornarse peligroso para la democracia. Decidimos hacer vídeos de esos intercambios de reproches y los llamábamos con un título genérico, solo en escaleta, claro, de «rifirrafe». La tribuna del Congreso de los Diputados se había convertido en un set televisivo en modo *Sálvame* —y que me perdonen los de *Sálvame* porque estos, a fin de cuentas, trataban cuestiones intrascendentes— en el que algunos representantes del pueblo parecían subir al estrado en una especie de competición por ver quién lanzaba la diatriba más feroz. Pensábamos que al verse en los informativos harían algo de autocrítica y cambiarían su proceder. Algo así como «los españoles no se merecen, no nos merecemos esto». Pero no ocurrió nada; todo lo contrario. El tono subía como si se tratara de vendedores de fruta o pescado de un mercado en el que hay que gritar cuanto más mejor con la finalidad de atraer a los clientes. Y vaya si los atraían, porque en el tiempo de esos encontronazos verbales la audiencia subía o por lo menos no se iba a otro lado.

Se han dicho de todo… Un día, siendo presidente del Partido Popular Pablo Casado, soltó una retahíla de insultos contra Pedro Sánchez que cuesta aprenderse de memoria. No digo que Casado no tuviera sus razones para estar enfadado —en este caso por la apertura de negociaciones con los independentistas catalanes, uno de los asuntos que más ira despierta en las filas populares—, solo digo que esa concatenación de adjetivos es por lo menos llamativa. Soltó más de veinte insultos seguidos, entre ellos los de ilegítimo, traidor, felón, incompetente y okupa…, que se convirtieron en un clásico. Hablé de este asunto con un amigo común.

—Es que está muy enfadado. El Partido Popular está lejos de superar la forma en que llegó Sánchez a la presidencia del Gobierno por una moción de censura.

—Que es un mecanismo legal, constitucional —le recordé.

—Ya, pero luego negoció con Podemos y gobernó con Podemos después de haber dicho que no lo haría… Quizá tendría que haber convocado unas nuevas elecciones…

«Serían las terceras seguidas», pensé. También pensé, equivocadamente, que si el dirigente popular se viera en imagen con esa larga serie de insultos, tal vez llegaría a la conclusión de que se había pasado, pero no. Al día siguiente o a los pocos días, el propio Casado decía en Cuenca:

—Me he quedado corto.

He encontrado, entre mis amigos y conocidos, personas capaces de repetir por el mismo orden aquellos adjetivos. No todos, claro; han olvidado unos cuantos, han incorporado algún otro y sobre todo se reafirman para ello en que Sánchez también llamó indecente a Rajoy a la cara en un debate televisado.

—Fue un error —le dije a su jefa de comunicación un par de días después en la glorieta de Bilbao…

Pero lo que vino durante años después no fue lo más sensato por parte de una clase política que, además de discutir, oponerse, gobernar y negociar…, debería ser ejemplar.

El Partido Popular tuvo una gran oportunidad para recuperar el Gobierno con las elecciones de 2023, pero se celebraron justo después de que en cinco comunidades autónomas el PP formara Gobierno con consejeros de VOX, lo que sirvió para movilizar a la izquierda. La victoria en votos de los populares se mantuvo lejos de las expectativas que sus encuestas señalaban. Error de cálculo político. Para ese momento, grupos que podrían haberle apoyado como nacionalistas vascos y catalanes —ya lo hicieron en otro tiempo— encontraban un muro en aquel recurso a la extrema derecha.

Con el paso de los meses, una parte de la sociedad se presenta más politizada que nunca por los extremos. No hay comida, cena entre amigos o lo que sea en la que no surja alguna discusión airada por ese motivo…

Recientemente, en una de esas reuniones, he visto a personas tradicionalmente muy centradas hablar desde la polarización más clásica. La discusión, en aquella cena, entró en un terreno «espinoso». Se dijo de todo en un ataque desabrido, en particular contra Sánchez, los nacionalistas catalanes y la izquierda en general. Las caras de algunos no eran las de antes del vino y el pescado. El anfitrión, por fortuna, terció.

—¿Qué os parece si pasamos a los postres?

Lo cierto es que todo es más tenso desde la formación del último Gobierno. Fundamentalmente por el asunto de la ley de amnistía, que ha permitido a Sánchez conseguir la investidura con los votos de Junts. El problema es que nadie puede conseguir mayorías suficientes con tan solo unas siglas, hacen falta algunas más, y eso lo saben todos. Quizá por eso no deba extrañar que la acerada crítica de la derecha española contra las medidas de gracia de la izquierda a los independentistas comience a suavizarse; es decir, que intente atraerse a los nacionalistas e independentistas que «quieren romper España» y para cuyos líderes pedía que entraran o permanecieran en las cárceles, según los casos. Quizá solo tendrían que hacer un esfuerzo para convencer a sus bases y electores de que la verdad tiene ahora otro color.

No hay rivales, sino enemigos. Con el odio por medio no hay posibilidad de acuerdo ni en los asuntos fundamentales de Estado, como desearían muchísimos españoles. Ni los socialistas se fían de los populares, ni estos de los socialistas. Las declaraciones políticas y las redes de uno y otro lado parecen caminar solo en ese sentido. Esto puede ser un tópico, pero imaginemos que alemanes y franceses —que se han enfrentado con el resultado de millones de víctimas mortales en dos guerras mundiales— mantuvieran el odio de antaño. La vida en Europa sería imposible. Pero han sido ejemplares, manteniendo y reforzando una alianza en la Unión Europea y en otros foros internacionales. Han pensado en el presente para sentar las bases del futuro.

Sin embargo, la tendencia general hacia el extremismo parece inevitable. Que si los nacionalismos, que si la lengua, que si la raza, que si la religión, que si la inmigración…, que si los impuestos, que es una cuestión clave. Todo es motivo de enfrentamiento y no de acercamiento y soluciones.

Países de acogimiento como Alemania —con casi el veinte por ciento de la población procedente de otros países y de otros continentes— empiezan a poner trabas a la entrada de extranjeros no comunitarios. Un Gobierno progresista, presidido por el socialdemócrata Scholz, ha puesto en marcha esas barreras tras el avance y triunfo de los neonazis de AfD en Turingia —el primer lugar en el que triunfaron los nacionalsocialistas de Adolf Hitler—, donde en 2024 fueron la fuerza más votada.

Cierto es que las elecciones se celebraron el 2 de septiembre de 2024 en un clima de gran crispación solo días después de que el 26 de agosto un terrorista perteneciente a Estado Islámico causara la muerte de tres personas y heridas a otras muchas más. El país vivía una especie de *shock;* los islamistas volvían a actuar, los ultras ganaban posiciones y el Gobierno estaba debilitado. Los grupos de extrema derecha del mundo occidental acusan a la inmigración de cualquiera de todos los males mientras se apuntan a la teoría del *replacement* elaborada por el escritor francés Renaud Camus y desarrollada por el polémico Michel Houellebecq en su obra *Sumisión.* Algo así como que hay un plan internacional para sustituir a los europeos blancos y la civilización judeocristiana por la musulmana que llega a nuestro continente con las corrientes migratorias.

Pero los europeos apenas tienen hijos y la inmigración empieza a tener ventajas para nuestra vida, para el crecimiento de la economía o para el pago futuro de nuestras pensiones. Así las cosas, serán necesarios muchos más. ¿Cómo hacerlo? ¿Cómo promover esa inmigración necesaria? ¿Cómo conseguir la integración de los que vienen con los que estamos? ¿Cómo ayudar al desarrollo de África, que hoy sucumbe bajo las pestes de la guerra y las hambrunas?… Ese es uno de los retos más complicados que la política tiene por delante.

Los tiempos que vienen, con el telón de fondo de los conflictos entre palestinos e israelíes, la guerra de Ucrania y particularmente esa historia de hambre, vida y muerte en el Sahel africano, de la que tan poco se habla, prometen momentos muy difíciles. Y todo sin saber la evolución de la política global desde la victoria de Trump, con un mensaje populista apoyado por los llamados neorreaccionarios, NRx, que plantean una guerra ideológica contra las democracias liberales. Apunten estas fechas, porque comienza una era inquietante.

27

CUANDO ADVERTIMOS
QUE INCLUSO LA VERDAD ES SOSPECHOSA

El martes 5 de noviembre de 2024, Donald Trump reconquistó el poder. Ha ganado las elecciones en Estados Unidos… y, además, con una mayoría indiscutible que le permite tener la presidencia y el control del Congreso y el Senado. Es el presidente más poderoso en la historia de su país y Europa tiembla ante la posibilidad de que imponga nuevos aranceles a las exportaciones del viejo continente o que reduzca su participación en la OTAN.

—La seguridad será cosa nuestra —dicen, piensan y temen los dirigentes europeos.

Los inmigrantes del continente americano tiemblan ante la posibilidad de expulsiones masivas. México tiembla ante el panorama de tener que acoger en su territorio a esos cientos de miles, millones de inmigrantes… y tiembla ante la posibilidad de que los acuerdos económicos y comerciales sean modificados solo según los intereses de Washington… Trump, lo saben bien, es sobre todo un empresario que quiere ganar siempre. Ucrania teme la derrota frente a Rusia cuando cese el apoyo militar de Estados

Unidos. Pero hay otros que aplauden su victoria. Por ejemplo, el poco expresivo presidente ruso, Vladímir Putin, Corea del Norte y Hungría, cuyo jefe de Gobierno, el muy nacionalista Viktor Orbán, ha aludido a que no brindó con champán por el éxito de Trump, sino con vodka, por si quedaba alguna duda de quién es el otro destinatario de sus amores… políticos.

El mundo es cada vez más confuso mientras la verdad desaparece. En algún sentido, la verdad es como el horizonte; es difícil alcanzarlo, siempre está delante de nosotros sin que podamos tocarlo, pero nos ayuda a caminar. Sí, la búsqueda de la verdad nos ayuda a estar cerca de ella, aunque no lleguemos a conseguirla del todo. El problema es que de un tiempo a esta parte las certezas compiten con las mentiras en plano de igualdad y a veces, muchas veces, con ventaja para estas últimas. Hemos llegado a un punto en que lo falso empieza a tener más credibilidad que lo verdadero.

Cuando tenía clara mi retirada de televisión y pensando en la cuestión de la verdad, recordé aquel pasaje del Evangelio de san Juan cuando Jesús de Nazaret era presentado ante Poncio Pilatos. Un pasaje seguramente bien conocido por los lectores. En un momento, situado frente al gobernador de Judea dijo:

—Yo he venido al mundo para dar testimonio de la verdad. Todo aquel que ama la verdad escucha mi voz.

A lo que Pilatos, tan pragmático, respondió aquello de «¿y qué es la verdad?».

Muchos de quienes ejercemos el periodismo hemos tenido la inmensa suerte de viajar, conocer otros países, otras civilizaciones, tener contacto de primera mano con dirigentes políticos nacionales e internacionales, ser testigos de momentos históricos o contar desde un estudio de informativos lo que ocurría. A veces pienso que nos diferenciamos del resto de los ciudadanos en que sabemos o, mejor dicho, sabíamos las noticias solo un poco antes, porque enseguida nos lanzábamos a contarlas... Nos movía la posibilidad de ofrecerlas antes que nadie. Las exclusivas nos motivaban.

Hoy, cuando vamos a contar algo, resulta que ya es conocido, o aparentemente conocido, por los ciudadanos gracias a los periódicos digitales, por X, por TikTok o por cualquier otra red. Muchos se preguntan por el sentido del periodismo tradicional en estos tiempos tecnológicos.

Particularmente creo que es más necesario que nunca. Me refiero al periodismo serio, el que maneja certezas para denunciar las injusticias, el que procura no apartarse de la búsqueda de la verdad para construir un relato...

A estas alturas y después de cincuenta y un años de profesión, no estoy seguro de haber conseguido llegar siempre a la verdad como habría querido, particularmente en el ámbito de la política, pero el periodismo tiene que seguir en esa búsqueda. Es el asunto más complicado para quienes quieren practicar esta profesión desde unos mínimos de equilibrio y de respeto por los hechos. No es fácil cuando en los últimos años los datos, las declaraciones y la propia realidad están cada vez más sometidos a la intoxicación, a la desinformación circulante. También porque ha aparecido el llamado periodismo de trinchera.

Era Immanuel Kant quien, frente al enunciado aristotélico

de «la única verdad es la realidad», se decantaba por aquello de que un mismo árbol no es igual, como árbol, para cualquiera que lo observa. Aristóteles, en su frase mítica sobre verdad y realidad, no tenía en cuenta tanto como Kant, siglos después, el hecho de la particularidad en la percepción de las cosas: el prisma kantiano, según el cual cada uno entiende el mundo según sus convicciones, según su formación. Ahora, en determinados casos, según sus intereses.

La única respuesta a la pregunta de si existe objetividad en la información es un rotundo no, y menos aún desde que la media verdad o directamente la mentira tienen ya un valor específico en redes y en algunos medios. ¿Cómo decirlo más claro? La verdad y la mentira se han igualado. Las escuelas y las facultades de Periodismo enseñan que el relato de los acontecimientos, de las noticias, debe ser equilibrado y responder a la verdad; que solo es libre la opinión y que ambas, la información y la opinión, deben estar claramente diferenciadas. Hoy en día sabemos que muchas, muchísimas veces, no ocurre así; basta con ver determinadas informaciones para advertir que la intencionalidad, particularmente en política, crea realidades diferentes y opuestas con respecto a los mismos hechos. La opinión gana terreno a la realidad y la propaganda al dato.

Como muchos compañeros, he tratado de contar las cosas con una cierta distancia intentando no sentirme implicado sentimentalmente con los acontecimientos, pero no creo que lo hayamos conseguido del todo, particularmente en los últimos tiempos por la propia intoxicación de las fuentes y por nuestras propias inclinaciones; es decir, por el prisma kantiano.

Creo que me enamoré del periodismo desde el momento en que empecé a hacer la primera entrevista de mi vida para un reportaje sobre cultura popular que guardo en mi casa metido en una carpeta. Una entrevista a mi amigo Manuel Luna, folklorista, que cuando la vi publicada en el diario *Pueblo* supe que eso, ser periodista, comunicar hechos, hacer reportajes y entrevistas era lo que más podría gustarme hacer.

Tantos años viviendo para el periodismo y del periodismo empiezan a ser una carrera… Somos miles y miles en toda España, la mayoría lo somos por un deseo interior muy fuerte de querer contar, de relatar las cosas que pasan sin querer faltar a la verdad.

Sin embargo, creo también que en este momento la profesión se está viendo afectada por bulos y *fake news* que terminan por rebajar la credibilidad del periodista y del periodismo. Nunca como ahora ha sido tan necesaria la verificación de las noticias que nos llegan, nunca antes se había vivido la exigencia de poner pie en pared con la falsedad y sobre todo con la posverdad; esa sensación creada a partir de noticias contradictorias, mentiras y verdades alternativas que debilitan al ciudadano y lo convierten en una especie de simple máquina de asentir.

En mayo de 2017, la revista norteamericana *Time* publicó un titular dramático para el periodismo y para la sociedad. Fue a raíz de las noticias falsas a través de las redes, algunas con apoyos de Rusia, que llevaron a Donald Trump por primera vez a la presidencia de Estados Unidos. El titular en portada era este: «Is Truth Dead?». ¿Ha muerto la verdad? Era muy llamativo porque solo aparecía esa frase en rojo y en grandes caracteres sobre un fondo negro. Ya en el interior, el artículo en cuestión trazaba un oscuro panorama a partir de la relación del presidente de Estados Unidos, Donald Trump, con la desinformación y la irrealidad. Un presidente que acusaba a la generalidad de los medios informativos, salvo alguna excepción, de expandir bulos sobre su persona y su Administración.

Resulta curioso al menos que la acusación fuera lanzada por quien ha pasado parte de su carrera política difundiendo bulos. Lo hizo al extender dudas sobre Barack Obama y su lugar de nacimiento. ¿Kenia?, se preguntaba para dar a entender que el demócrata no debía ser elegido presidente porque, supuestamente, no tenía una de las condiciones: la de haber nacido en Estados Unidos. También extendió dudas y exageraciones sobre la inmigración, uno de sus asuntos favoritos, o sobre la pandemia de COVID, o sobre sus relaciones con Rusia. Mentiras a las que hay que sumar las que lanzó en el último debate con Joe Biden que, sin embargo, perdió el demócrata, aquejado ya de una evidente falta de facultades para comunicarse con soltura. Después, dimitió. No supo irse a tiempo.

Siguió Trump lanzando bulos e insultos en campaña. En este caso, retirado Biden, su víctima propiciatoria era la candidata Kamala Harris, de la que dijo de todo acudiendo a un lenguaje llamémoslo soez... Un día llegó a llamarla «vicepresidenta de mierda», mientras sus partidarios reían la gracia y gritaban enfervorizados. Antes de eso, en el debate televisado entre ambos —el único celebrado porque Trump no quiso otro— lanzó unas cuantas falsedades más. Por ejemplo, llegó a decir algo que ha quedado como un hito de la propaganda: que inmigrantes haitianos se comían las mascotas, perros y gatos, de los habitantes de Springfield, algo que fue negado por fuentes policiales de ese lugar tras la petición de aclaraciones por parte de los moderadores.

—Las personas de Haití —decía Trump— se comen los perros, se comen los gatos... Sí, se comen las mascotas de la gente que vive allí.

Era una mentira, una *fake news* que partía de un bulo lanzado anteriormente por un ciudadano en la red y que Trump volvió a repetir en un mitin al día siguiente, aun habiendo sido desmentido. Al aspirante republicano, ahora ya presidente, no le importaba la falsedad si esta le servía en su campaña contra la inmigración. De hecho, su candidato a la vicepresidencia, J. D. Vance, siguió con el asunto de las mascotas a sabiendas de que era falso. En una entrevista en CNN llegó a decir que si tenía que crear historias para que los medios informativos se centraran en el sufrimiento del pueblo norteamericano, lo haría. Sabían que nada de eso era cierto, pero Trump y Vance propalaron la falsedad en sus redes sociales a la vez que invitaban a sus seguidores a hacer lo mismo.

Consulté en Internet las entradas de ciudadanos acerca de esa *fake* y encontré mensajes como estos: «Es verdad, hay fotos que lo confirman», «Quieren hundirle cuando lo que dice es cierto. Eran tres contra uno, los moderadores y Kamala Harris frente a Trump», «No es falso. Comen todo tipo de animales y en Haití comen también gente».

Sin embargo, le votan hasta convertirlo de nuevo en presidente de Estados Unidos. Es decir, ni el desmentido policial ni el reconocimiento de Vance de que todo era un embuste destinado a llamar la atención y conseguir más votos permitieron que la verdad tuviera la más mínima influencia entre el electorado con que cuenta Donald Trump, porque hemos entrado en una fase de la historia en que la mentira empieza a constituir un valor en el lenguaje de la política y por tanto de la vida en general. Estamos en el prólogo de un futuro en el que a los ciudadanos, dormidos tras años de sobreinformación y desinformación, no les queda sino la posibilidad de creer la mentira más conveniente. Es más, creo que la mentira ya vende mejor, como también vende bien el odio.

El historiador israelí Yuval Noah Harari —*Nexus* es su última obra— dice que el problema está en que hemos perdido la capacidad de escuchar, mientras razona, con cierto pesimismo, acerca de que la sociedad sea ya tan dependiente de las redes de comunicación social. Nuestra es la responsabilidad de que una nueva inteligencia no humana amenace nuestra propia forma de entender la vida, incluso nuestra existencia. Los dueños de la información y, por tanto, de las IA —los creadores de nuevos contenidos ajenos a la realidad— son quienes de verdad gobernarán el mundo. La posverdad se instala entre nosotros.

Antes decíamos aquello de que una mentira contada mil veces se convierte en algo cierto; hoy, en medio de una acuciante sobreinformación a través de medios tradicionales y digitales, es muy probable que una mentira se convierta en verdad para muchos con que solo haya sido emitida unas pocas veces… y en ocasiones con una sola vez. Es muy fácil, extremadamente fácil, influir sobre otros para que crean algo que no es cierto. Por lo pronto, la mentira, lo sorprendente, es creído casi de inmediato por una sociedad que ya no cuestiona casi nada.

No hay duda de los cambios que el mundo tecnológico introduce paulatinamente en los seres humanos hasta esclavizarnos con la media verdad o directamente con la falsedad. Vean, por ejemplo, el razonamiento que se hace desde el entorno de algunos medios rusos, señalados en Occidente como los mayores fabricantes de bulos: «Como no hay narración o reportaje objetivos, es bueno ofrecer un punto de vista alternativo». Es como defender deontológicamente el cinismo. No solo eso, el control de la opinión y del pensamiento por grupos de poder tecnológico y económico parece tener un largo futuro por delante. Algo sobre lo que el magnate Elon Musk, propietario de X, antes Twitter, y furibundo trumpista tiene muchas respuestas.

El mundo se nos llena de mentiras, *haters* —gente que odia y expande el odio—, *influencers, big data, deep data, fake news* y ahora el rapidísimo desarrollo de la inteligencia artificial, particularmente esa que lleva el apellido de generativa; esa que puede suplantarnos. Es responsable de programas extraordinarios para la investigación, pero también capaces de falsear la realidad, recrear la voz de cualquiera para que diga lo que nunca diría y, además, con su propia imagen, capaces de generar la supuesta detención de un dirigente político, modificar la indumentaria del papa Francisco, o desnudar cuerpos de adolescentes, como ocurrió en la localidad extremeña de Almendralejo.

El presidente de Telefónica, José María Álvarez-Pallete, propone desde hace algún tiempo un pacto social donde el humanismo y la ética delimiten el alcance de la inteligencia artificial. También advierte sobre el mundo digital al que, en determinados extremos, considera como «un fenómeno poderoso e inquietante» para la propia democracia.

Imaginen la situación. Un día, con un programa de IA, alguien crea una imagen perfecta de los dos candidatos principales en las elecciones generales —pueden ser Pedro Sánchez, Alberto Núñez Feijoo o cualquier otra persona que decidan los órganos de sus respectivos partidos—. Unos días antes de los comicios, esa imagen, con su voz correspondiente y con un contenido falso, agresivo y erróneo, es difundida por las redes y de ahí a determinados medios, radios y televisiones que multiplican el efecto de la farsa. La posibilidad de que la imagen de uno u otro llegue a millones de personas es total; en cambio, la capacidad de un desmentido es mínima. Lo decía la presidenta del Banco Europeo, Christine Lagarde: «La mentira corre a la velocidad de una gacela; la verdad, a la de una tortuga».

La capacidad de pensar por nosotros mismos y elegir se reduce conforme nos vamos convirtiendo en seres más y más influenciables por la sobreinformación o la desinformación y no solo por redes. La información veraz y la pluralidad informativa actúan en favor de la razón; la desinformación, en contra. Frente al fomento del odio, frente a los bulos y la propaganda, es necesario el periodismo; también un esfuerzo extra de verificación, comprobar una y otra vez el qué y el cómo de un hecho determinado, recurrir a varias fuentes para confirmar una determinada noticia. Lo que se ha dicho siempre que había que hacer, pero ahora con mayor ahínco. Más que nunca necesitamos periodismo riguroso, el periodismo en serio. En estos momentos defender nuestra profesión sería también un modo de defender la democracia… y al revés.

28

Cuando las pantallas nos deshumanizan

La mayoría de nosotros tiene alguno de esos teléfonos móviles inteligentes —los *smartphones*— que hacen de todo, de secretaria, de agenda, además de fotos tan perfectas como las de las cámaras más sofisticadas. Con estos aparatos tan perfeccionados hemos olvidado los números telefónicos de nuestros familiares o amigos, no sabemos orientarnos en las ciudades o carreteras si no es con el navegador, no podemos hablar de cualquier hecho histórico si no es con el recurso a Google para corroborar cualquier dato. No es que hayamos perdido la memoria, sino que la hemos entregado —a veces junto con nuestra capacidad de pensar— al entramado digital. No somos nada sin las redes de comunicación que han creado un sistema de recopilación de datos por los que saben más de nosotros que nosotros mismos. Hasta hay sistemas como el ChatGPT que escriben para nosotros, con más documentación de la que podemos llegar a recopilar. El dilema para muchos es cómo poder esquivar el peligro de volvernos incapaces de controlar o simplemente entender tanto progreso en lo digital.

Hay personas capaces de pasar cinco horas, incluso más, pegadas a una pantalla de ordenador, a los videojuegos o al teléfono móvil recibiendo mensajes de X, Instagram o TikTok, aparte de esas larguísimas conversaciones por WhatsApp. Nos abandonamos a las pantallas y el fenómeno, el problema, tiene un nombre: pantallismo. No era consciente de la gravedad de esta adicción, sobre todo entre jóvenes y adolescentes, hasta que visité un centro de desintoxicación situado en Pozuelo de Alarcón. Entré en ese lugar con la finalidad de conocer a estos chicos y chicas, saber cómo habían llegado hasta allí, hablar con médicos y docentes y hacer un reportaje con el que poner en guardia a muchas familias acerca de un problema que es creciente y peligroso.

Visité las instalaciones, las aulas donde siguen dando clase para no perder cursos, hablé con el director del centro y con los chicos. Algunos de ellos contaron que habían ido allí después de un intento de suicidio… Otros llegan cuando las relaciones en el domicilio familiar resultan insoportables, con peleas y agresiones. No soportan que nadie les ponga límites y se van abandonando hasta que no tienen más compañía que su pantalla favorita, por la que les llegan desde escenas pornográficas hasta mensajes políticos que van extremando su pensamiento. Hablo de situaciones que se repiten cada vez más y que llegan a un límite tal que hay que tratar sicológica y médicamente. A veces, la adicción a las pantallas se incrementa como consecuencia de una enfermedad mental. Allí tuve la oportunidad de entablar una conversación con una madre y un hijo, que reproduzco en parte.

—El problema es devastador en todos los aspectos. Su padre y yo nos separamos porque no teníamos puntos de vista similares sobre el problema. Ahora Nacho sufre el tener dos casas distintas…, normas diferentes en uno y otro lado…

—¿Cuándo fuisteis conscientes de lo que estaba pasando?

—Yo fui consciente antes, su padre pensaba que era solo una cuestión de límites, de permisividad.

—Nacho, ¿cuál es el tiempo límite que pasas con el uso de pantallas?

—Cinco horas.

—O más —apunta Carolina, la madre.

—(…).

—Y cuando le dices que pare, que no siga con las pantallas, ¿qué ocurre?

—Pues el enfrentamiento, el enfrentamiento verbal y físico.

—¿Es así, Nacho?

—Sí, por desgracia sí.

—¿Y eso cómo se trata, Carolina?

—Cuando era más pequeño resultaba más fácil. Podía contenerlo físicamente. Ahora de más mayor, he tenido que llamar al 112.

Desde ese centro nos explicaban que existe una gradación… Desde el uso que hacemos todos hasta llegar al mal uso —cuando se utilizan las pantallas para ver pornografía o violencia—. El abuso sería cuando la vida de alguien se ve limitada, sale poco con amigos, deja de hablar con la familia…, y la adicción, la patología se da cuando los chicos presentan disfunciones y riesgos. Se encierran en sí mismos y su relación con el mundo se produce a través de esas pantallas. El director del centro, Jordi Royo, nos relataba el efecto demoledor que en muchos jóvenes ha tenido la pandemia de COVID para crear estas adicciones al pantallismo y algo más preocupante, no son conscientes de sufrir un problema cuando están siete u ocho horas delante de sus ordenadores o *smatphones* porque consideran que se trata de algo natural...

—Es necesario que las familias se incorporen al tratamiento —nos dice.

No es fácil la reintegración social de los adolescentes y jóvenes atrapados por el pantallismo.

—Cuando salen al exterior, durante su tratamiento o cuando lo han finalizado, lo que encuentran son personas viendo pantallas en el metro, en el autobús, en las cafeterías, e incluso en el propio domicilio. La posibilidad de recaer —nos dice— es fuerte y más cuando esta droga, el pantallismo, es asumida por la sociedad como algo natural, normal.

La tecnología digital y las pantallas no son la panacea de la felicidad. Diría que es todo lo contrario. Diego Hidalgo Demeusois, autor del libro *Anestesiados,* me contaba que la soledad en los adolescentes se disparó a partir de 2007 y en varios años aumentó casi el cincuenta por ciento, hasta llegar a niveles nunca antes observados. Entre 2012 y 2015, las tasas de depresión se incrementaron en un veintiuno por ciento en el caso de los chicos y en un cincuenta por ciento en el de las chicas, con su consiguiente impacto en las tasas de suicidio juvenil. Es incontable el número de adolescentes y jóvenes que han dejado de tener contacto directo con sus amigos. Lo hacen a través de las pantallas, con el lenguaje esquemático de los mensajes de WhatsApp. Las conversaciones largas, la exposición de puntos de vista sobre asuntos de interés e incluso más o menos controvertidos desaparecen.

Los docentes y las autoridades educativas empiezan a tener conciencia de que la enseñanza digital no ha mejorado el nivel de aprendizaje de los alumnos. Por lo pronto, se ha reducido la comprensión lectora de los niños mientras aumenta la pérdida de atención. En Suecia, la ministra de Educación, Lotta Edholm, decía en 2023 —según cita la revista especializada española *Ethic*— que había llegado la hora de echar el freno de mano en la progresiva digitalización educativa del país. El caso es que empieza a desarrollarse un movimiento en favor de la enseñanza tradicional; no se trata de abandonar el mundo digital, que tantas aplicaciones y ventajas tiene, sino de limitar su uso. Pero tampoco hay consenso al respecto.

Los mensajes de odio que llegan a través de determinadas redes, la cesión de nuestra intimidad al ponerla en conocimiento público, los consejos de los y las *influencers*, que se convierten en «seres cotidianos fundamentales» para la vida de muchos jóvenes y de muchos adultos también, han cambiado la forma de pensar y los comportamientos. Por eso la importancia de las advertencias acerca de este proceso —que algunos consideran de deshumanización—, que nos invitan a volver a una vida más cercana a la lectura, a la conversación relajada y al pensamiento. En suma, recuperar nuestra capacidad de control.

En febrero de 2024, una vez jubilado, fuimos a un viaje de exploración en la Patagonia, entre Argentina y Chile. Navegamos muy cerca de la Antártida. Pasamos por el estrecho de

Magallanes, el canal de Beagle o cabo de Hornos. Con nuestras pequeñas lanchas visitamos islas atestadas de pingüinos y, por supuesto, algunos glaciares donde pudimos comprobar que el cambio climático es un hecho muy preocupante. Alguno de ellos, como el Pía, en territorio chileno, había visto reducida en dos tercios su capacidad de almacenamiento de hielo. Lo que había sido un gran glaciar ahora eran tres de muy reducido tamaño. Era un viaje muy interesante por muchas razones, pero había un elemento más. Durante seis días no había conexión con los teléfonos móviles. Avisamos a nuestra familia, nuestros hijos, nuestros amigos, pero lo que era un revés, en la primera jornada de incomunicación se convirtió en el gran acontecimiento del viaje. Pudimos pensar, observar el paisaje sin interrupciones por una u otra llamada, también hablar cada vez más serenamente con los compañeros de navegación o con la tripulación. En suma, establecimos relaciones como las de antes de la esclavitud digital. Fue realmente extraordinario.

Cuando desembarcamos en Punta Arenas, en Chile, todos nos lanzamos a nuestros terminales, ordenadores o teléfonos móviles para conocer los mensajes de cualquier tipo que nos habían llegado durante ese tiempo de espera. Curiosamente, no eran tantos ni tan importantes para nuestra vida; nuestra incomunicación con el exterior era una muestra más de que el mundo puede seguir sin nosotros. Así pues, ¿por qué no vivir para nosotros, estar liberados del secuestro digital y de los mensajes de odio o los bulos que tan negativamente nos influyen?

En Poblenou, Barcelona, ha surgido una iniciativa de madres y padres preocupados por el uso pernicioso de las nuevas tecnologías. Su asociación se llama Adolescencia Libre de Móviles. Pretenden una educación clara sobre el uso de las pantallas y piden que nuestros jóvenes no tengan acceso a los *smartphones* antes de los dieciséis años. Pero ese límite de edad no es solo una demanda de padres, sino una idea cada vez más compartida en distintos ámbitos de la sociedad. Especialistas en sicología juvenil vienen dando desde hace ya algún tiempo su veredicto en el sentido de que el uso de estos terminales afecta al desarrollo mental y retrasa el aprendizaje y algo más. Francisco Villar, sicólogo clínico del hospital de Sant Joan de Déu, de Barcelona, y autor de varios volúmenes sobre sicología y adolescencia, aporta datos acerca del incremento de atención a jóvenes por intento de suicidio. Solo en ese hospital habían pasado de doscientos cincuenta casos de ideación o tentativas de suicidio en 2014 a mil episodios en 2022. Pero más allá de los datos, nos interesan sus reflexiones; por ejemplo, que determinados contenidos que aparecen en los móviles «aumentan el malestar de las adolescentes, su exposición a nuevas violencias», además de restarles habilidades para afrontar los problemas de la vida.

Desde la aparición de los *smartphones,* nuestros jóvenes están más expuestos al ciberacoso, a la anorexia, a las escenas de violencia gratuita, a las prácticas sexuales que son propias del porno duro. Contenidos con los que se aíslan y que les parecen más sugerentes que la realidad que los circunda. Los mayores somos responsables en mayor o menor medida de todo esto; dejamos a nuestros hijos con las pantallas, en un principio con dibujos animados para que no molesten, para tenerlos entretenidos, pero con ello abrimos el camino de una posible adicción. Es curioso, pero gurús del mundo digital como

Steve Jobs —según se cuenta— apartaron a sus hijos del riesgo del pantallismo no permitiéndoles el acceso a esos terminales antes de los dieciséis años, justo lo que piden las asociaciones españolas preocupadas por este tipo de problemas.

Creo sinceramente que la denuncia de situaciones que afectan al desarrollo de nuestros menores, que los alienan en cualquier sentido, que les impiden pensar con libertad o que les causan ese malestar tan extendido como es la tristeza, debería formar parte de las preocupaciones fundamentales de los medios de comunicación. También de la política.

Hace bastantes años los informadores dábamos cuenta de una realidad fatal que se abría paso en Japón, la de los jóvenes que se autoexcluían socialmente y que permanecían atentos solo a lo que aparecía por sus pantallas. Se les llamaba *hikikomori* y eran considerados como una rara especie de ermitaños voluntarios que, colocados frente a sus ordenadores, renunciaban a sus compromisos educativos, a la amistad, a la relación directa con otras personas. Un problema de difícil solución. Muchos de estos chicos se encerraban para vivir ese aislamiento durante un periodo predeterminado por ellos mismos, seis u ocho meses; pero muchos encierros se extendían durante más tiempo del previsto.

Creíamos que este fenómeno era algo exclusivo de la sociedad nipona, pero ha estallado entre nosotros como consecuencia de la extensión de los *smartphones* y otras pantallas. Ninguna sociedad se libra ya de un problema que, según los expertos, lleva a numerosos jóvenes hacia trastornos afectivos y sicológicos.

29

CUANDO ESTAR LEJOS ES ESTAR CERCA

Llegado el momento de entregar estos folios a la editorial me fui a México a descansar de tanto teclear en el ordenador y para visitar a algunos de los amigos que tengo allí. Un día, consultando los digitales españoles con mi teléfono móvil, como hago habitualmente a primera hora de la mañana, supe que se había producido una dana, una gota fría de grandes proporciones, que había provocado la desaparición de seis personas en el municipio de Letur, en la sierra de Albacete. Nada se sabía inicialmente de los efectos que las lluvias torrenciales habían provocado en Valencia, pero pasadas las horas empezábamos a conocer lo que era un drama de proporciones insólitas... El número de muertos se incrementaba poco a poco... diez, veinticinco, treinta hasta llegar a la cifra de más de doscientos veinte. Respecto al número de desaparecidos se hablaba de cifras espantosas, de más de mil personas de las que muchas podrían haber muerto; de ellas, unas quinientas habrían perecido en el garaje de un centro comercial de Bonaire. Luego supimos que nada de esto último era cierto y que tales informaciones provenían de los amigos del bulo que tanto juego dieron en esos días para crear de forma intencionada o por negligencia situaciones de tensión, de desconfianza y de miedo. Una incursión innecesaria en la falsedad cuando los datos conocidos ya eran por sí mismos el espejo del dolor y del drama de unos ciudadanos desconsolados.

Todo me parecía una especie de distopía y me desesperaba ante la imposibilidad de contactar con compañeros y amigos como consecuencia del cambio horario, ocho horas de diferencia que en esas ocasiones se hacen eternas. No encontraba más relato que el de determinados medios que titulaban de forma muy diferente, en algunos casos manteniendo tesis absolutamente opuestas sobre las responsabilidades políticas en aquella situación. De nuevo la confrontación, cuando lo importante era la realidad: el incremento en el número de fallecidos, la búsqueda de desaparecidos en las ramblas, el fango y la destrucción en pueblos importantes, como Paiporta, Chiva y muchos otros. Faltaba localizar a personas que se habían quedado atrapadas en diferentes alquerías; un aislamiento que impedía de momento su rescate… Un desastre mayúsculo de viviendas inundadas y enseres destruidos, con el fondo de los gritos desesperantes, el llanto y el ruido de la maquinaria que poco a poco llegaba para acelerar el trabajo que ya habían comenzado los propios habitantes y los miles de voluntarios que, en una formidable expedición, llegaban caminando y armados de escobas, cubos, palas, rastrillos y otros útiles con los que retirar el barro y buscar cuerpos… La visión que tenía ante mis ojos, esta vez no en directo, sino a través de las pantallas, era de una tristeza absoluta… No era posible que todo aquello fuera real.

Regresé a España el día 3 de noviembre y nada más llegar a Madrid puse la televisión, que en ese momento ofrecía la imagen de la reina Letizia con la cara embarrada y que, aun así, pretendía acercarse a la población de Paiporta para ofrecer su consuelo por lo ocurrido. Uno de sus escoltas tenía una brecha sangrante en la frente... El rey Felipe intentaba dar explicaciones y mostrar afecto a los ciudadanos, aun en medio de la tensión. Junto a ellos se veía al presidente de la Comunidad Valenciana, Carlos Mazón. Pero... ¿Qué era del presidente del Gobierno? No estaba allí. En ese momento se cruzaron mensajes en las redes hablando de la supuesta huida de Pedro Sánchez; «el cobarde», le llamaba una conocida colaboradora de programas matinales de televisión...

—¿Cómo puede ser que el presidente se haya fugado?

Y la sospecha de algo así se extendió de forma inmediata... Enseguida aparecieron las imágenes en las que se veía cómo le lanzaban un palo, o cuando era retirado por los servicios de seguridad para que la cosa no fuera a mayores. Los gritos seguían. Unos decían: ¡a por él!..., y reían de júbilo celebrando que había sido alcanzado por alguno de los objetos lanzados, y otros más temían que aquello pudiera terminar en tragedia. Se temió que alguien estuviera aprovechando el dolor legítimo, la furia justificada de los valencianos para provocar mayor tensión. No faltaron teorías conspiranoicas acerca de que los coches del presidente y su escolta habían sido golpeados por gente del PSOE, a pesar de que las imágenes eran bien claras. Se trataba de agitar e incrementar la confusión en medio de la desgracia de tantas personas sufrientes, desesperadas. Muchas habían perdido familiares, casas, sus vehículos o todo a la vez, en un panorama desolador. Era como un infierno… de barro.

Urgen soluciones y explicaciones.

En los primeros días de la tragedia me puse en contacto con el geógrafo, historiador e ingeniero Isaac Moreno Gallo, responsable de un canal de YouTube (@isaacmorenogallo) en el que analizaba las causas de lo ocurrido.

—Isaac… ¿Por qué se ha producido esto y qué diferencia hay con otros sucesos similares anteriores?

—Mire, danas como esta han ocurrido en otros tiempos. Lo que no había hace ochenta o cien años es una ocupación del suelo como la que hay en 2024.

—Se refiere a la construcción de miles de viviendas en el litoral valenciano o en los mismos barrancos.

—Viviendas, hoteles, polideportivos, polígonos industriales… en toda la costa del Mediterráneo español. Antes, la llegada de una riada no era tan explosiva; por decirlo de alguna manera el agua se derramaba con fuerza, se expandía y como mucho llegaba a alturas, digamos…, soportables, sin producir estos años. El problema es cuando esas aguas encuentran obstáculos, el caudal y la fuerza aumentan; no tienen las zonas de expansión de antes.

—¿Qué se puede hacer?

—Bueno…, las casas están ahí; no se pueden quitar ahora… Eso crearía un grave problema social.

—Pero sí que se puede prohibir construir más en zonas que son inundables.

—Por supuesto… Y algo más. España tiene los mejores técnicos, los mejores ingenieros para abordar el problema.

Hace tiempo que se han estudiado planes para crear diques o embalses de laminación…

—Perdón. ¿Podría explicarlo mejor?

—Es muy sencillo. Se trata de diques con agujeros de abajo arriba, para que el agua salga desde el momento en que está llegando. Se trata de que la riada vaya perdiendo fuerza y que no se produzcan esos barridos de coches, personas, edificios…

—¿Y por qué no se ponen en marcha?

—El problema no es técnico… Se trata de una decisión que depende de la política.

Las causas de todo esto son la gota fría, el calentamiento global —según sostienen los científicos— y también la codicia. Se ha pensado más con la billetera que con la cabeza. Cuando se me acaba el plazo de cerrar este volumen, quedan por aclarar varias cuestiones. Por ejemplo, las responsabilidades de las distintas Administraciones del Estado y, de modo particular, la agenda del presidente de la comunidad autónoma valenciana, que apareció en una reunión técnica dos horas más tarde de la convocatoria y cuando algunas localidades de la provincia de Valencia ya estaban inundadas. Quedan muchos flecos en estos momentos para cerrar de un modo certero y convincente la historia de esta gota fría, esta dana…

Lo mejor, lo más positivo que hemos podido ver en los días posteriores a las riadas, es la gran solidaridad de que son capaces muchos españoles ante la desgracia de otros. Me refiero a los miles de voluntarios a quienes mencionaba anteriormente… Allí estaban también la Cruz Roja, la Guardia Civil con sus especialistas, la Policía Nacional, las dotaciones de médicos y enfermeras, los soldados de la Unidad Militar de Emergencias, los bomberos llegados de distintas comunidades y del extranjero… y los medios de comunicación.

Sí, los medios de comunicación que han dado cuenta de todo esto. A veces asumiendo algún tipo de riesgo para hacer llegar a los hogares de toda España y del mundo lo que estaba ocurriendo. Me habría gustado estar con todos ellos, su trabajo me pareció admirable… Estuve en el terremoto de Haití, en el de Marruecos, en el volcán de La Palma…, pero no he podido informar desde Valencia y lo siento. Creo en el valor de la información desde los lugares de la crisis. La presencia de los medios de comunicación, de sus voces y rostros en las catástrofes, ayuda a mover los corazones de las personas y las ayudas a los damnificados.

Conozco a muchos enviados especiales a esa catástrofe, particularmente a mis compañeros de Telecinco, que me han hecho vibrar —como cuando estaba en activo— por su infinita generosidad, por su dedicación, su determinación por hacer las cosas bien y por el deseo de informar en medio de la desinformación… Me he sentido triste por no estar donde me habría gustado estar, pero a la vez he sentido el orgullo de ver a nuestros presentadores, a nuestros redactores ir de un sitio a otro para llevarles a ustedes todas las imágenes, todos los sentimientos que se producen en una ocasión como esta.

Estar cerca de la tragedia nos sitúa en la realidad. La realidad de los que sufren y la realidad de los que ayudan. Viajé a Haití a las pocas horas de producirse el terremoto del año 2010, con unos doscientos mil muertos. Me metí en uno de los aviones enviados por el Ministerio de Defensa español para hacer llegar las primeras ayudas a la población de aquel país. Fue una movilización extraordinariamente rápida y, además, no fue la única. Me recuerdo con mi ropa del informativo, con la chaqueta y la corbata, entre el cordaje o las tiendas de campaña que se amontonaban en una cabina sin apenas asientos, charlando con los bomberos de la Comunidad de Madrid o con los primeros equipos de militares y sanitarios con los que más tarde aterricé junto con un reducido equipo técnico y de producción en la pista de Puerto Príncipe, la capital haitiana. Otro grupo de Telecinco saldría un par de días después y aprovecharon para llevarme más ropa por si permanecíamos más días en la isla caribeña, como así sucedió. Llegaron Rocío Doñoro y Gabriel Cruz con nuestros cámaras y productores para hacer una amplia cobertura de la mayor tragedia natural conocida mientras ejercí el periodismo.

El panorama no podía ser más triste. Nuestros equipos habían conseguido habitaciones en uno de los pocos hoteles que se mantenían en pie, aunque con numerosas grietas en suelos y paredes. El camino desde el aeropuerto estaba salpicado de escenas horribles de fallecidos cubiertos por sábanas o mantas. Todavía no se manifestaba el intenso olor de la muerte.

Enseguida empezamos con nuestro trabajo de periodistas... y los rescatistas con el suyo.

Una actividad contra reloj en la que seguíamos a los equipos de nuestro país... Entrábamos a los centros sanitarios con nuestros médicos... El principal de los hospitales se llenó de gritos desesperados mientras entraba un sinfín de heridos, la mayoría en estado grave. Recuerdo a una mujer embarazada a la que iban a cortar una pierna; gritaba sin parar, se resistía... Escaseaba la anestesia y muchos de los que allí estaban eran operados sin la sedación necesaria y en unas condiciones higiénicas deficientes. Teníamos que ponernos trocitos de corteza de limón en la nariz para no respirar el hedor que, ahora ya sí, desprendían los cadáveres y la sangre seca en sábanas y mantas, que cada día se hacía más y más insoportable. En aquel hospital algunos de nuestros médicos entraron con los enviados por el régimen cubano.

—Los cubanos son expertos en intervenir en condiciones extremas, sin material —nos decía un cirujano español.

—Es decir, que son especialistas en aplicar una sanidad y una cirugía sin medios... ¿No?

—Sí. A los equipos de emergencia nos gusta estar cerca de ellos en situaciones de catástrofe, se aprende mucho y nos hacemos más eficaces.

Y del hospital a la embajada española, absolutamente destrozada por los efectos del seísmo... O a cualquier sitio en el que trabajaban los equipos enviados desde nuestro país para salvar a cualquiera de los atrapados por una buena cantidad de ladrillos, tejas y cascotes... En uno de esos trayectos topamos con lo que había sido una iglesia católica. Allí estaban trabajando los rescatistas mexicanos... Habían escuchado las llamadas de auxilio de una mujer y con la ayuda de uno de sus perros trataban de localizar el lugar exacto donde se encontraba la víctima... El perro, un golden retriever, respiraba agitado, ladraba de vez cuando para avisar a los hombres de que era en ese punto preciso donde había alguien sepultado...

Incansable, no dejaba de moverse; jadeaba, e intentaba apartar algunas piedras. En ese momento los bomberos llegados de México D. F. lo arrancaron de allí y ya fueron ellos los que consiguieron abrir hueco para poder sacar con vida a quien antes gritaba sin esperanza… Solo en ese momento, el golden se tumbó a descansar. No se imaginan la emoción que envuelve a los testigos de un acto así, como era mi caso. Hubo un momento en que perdí de vista lo que era mi misión en aquel punto de la tierra; afortunadamente, los operadores de televisión han desarrollado un increíble criterio periodístico acostumbrados como están a ver la vida a través de un visor y nuestro cámara grabó todo; el trabajo esforzado de aquellas personas, la salida de aquella mujer sacada en volandas de su agujero y al perro, intentando recuperar el aliento después de tanto esfuerzo. Son escenas que he visto repetidas, por ejemplo, en el más reciente terremoto de Marruecos.

Lo del volcán de La Palma era bien diferente por muchas circunstancias. Hacía semanas que, advertidos por los vulcanólogos, los medios de comunicación, las autoridades de las islas y el Gobierno español seguían muy de cerca la evolución de los movimientos telúricos, leves todavía —el llamado enjambre sísmico—, que aventuraban que la lava estaba próxima a salir por algún punto de la Cumbre Vieja. Estábamos avisados de que la erupción era ya más que probable. Conforme pasaban los días aquellos temblores se repetían con mayor frecuencia y empezaron las evacuaciones.

Tenía una especial vinculación con la isla de La Palma, adonde había acudido veinte años atrás como turista acompañado de mi mujer y nuestros dos hijos… Un viaje maravilloso a una isla con una ingente vegetación en su geografía. Allí conocí al que sería años después alcalde de Fuencaliente, Gregorio Alonso, con quien me encontraba en otros viajes y de quien recibí cumplida información de lo que ocurría en aquella zona desde finales de agosto de 2021. Un día, el domingo 19 de septiembre, acabado nuestro informativo —eran poco más de las cuatro de la tarde—, se interrumpieron algunas emisiones para dar una imagen: la de los gases saliendo de la montaña y la primera erupción de lava y rocas. Había ocurrido lo que todos presagiaban: la erupción. Era domingo y llamé a mi subdirectora Eva Tribiño para que fueran preparándome los billetes con los que viajar con un equipo mínimo de cámaras, técnicos y producción. No pude salir esa noche, pero sí al día siguiente en una especie de viaje combinado con dos escalas en Gran Canaria y en Tenerife, para llegar finalmente a La Palma, desde donde ya pudimos emitir con el volcán a lo lejos. Eran nuestras primeras informaciones desde el municipio de El Paso. Allí pude encontrarme con compañeros de la Televisión Canaria, de Televisión Española y enseguida con diferentes equipos llegados de otras televisiones nacionales y de distintas comunidades. Estaba claro que esa era ya la noticia del mes, de ese año y del siguiente.

Buscamos un buen emplazamiento para emitir e instalamos nuestra cámara en la explanada de la iglesia de Tajuya, que ofrecía una visión extraordinaria. La noche creaba unas condiciones especiales; no estábamos a más de dos kilómetros en línea recta de la primera boca del volcán, de la que brotaba esa lava rojiza que poco a poco iba haciéndose con el espacio físico de las faldas de la Cumbre Vieja… Una lava que, en forma de ríos de fuego y vapor, corría con rapidez por la ladera en una especie de intento por alcanzar la costa, cosa que consiguió a finales del mes de septiembre… Aprendimos qué eran las coladas de lava, las fajanas, las erupciones estrombolianas o las hawaianas según el parecido con las que se habían producido en esos lugares, mientras seguían registrándose los seísmos que alertaban y asustaban a buena parte de los isleños.

Pude entrevistar a vulcanólogos como Nemesio Pérez, a los responsables políticos de la comunidad canaria y del cabildo insular, a los alcaldes de los municipios más comprometidos por el desastre mientras sabíamos que las lenguas de fuego asolaban todo lo que encontraban a su paso. Por allí llegó el presidente del Gobierno, Pedro Sánchez, y también el jefe de la oposición, entonces Pablo Casado. Pude hacer algunas conexiones desde lugares donde la lava arrasaba casas, plataneras y otros cultivos que eran el modo de vida de muchos palmeros. Resultaba atrayente y a la vez tenso hablar para los televidentes a unos metros de esa especie de caldo pastoso de fuego y piedras, pero lo más emocionante, lo más doloroso y lo que daba sentido a la presencia de tantos periodistas era poder conversar con personas que lo habían perdido todo.

Recuerdo especialmente a un hombre que acababa de rescatar con su camioneta algunas de sus pertenencias de una casa que inevitablemente fue destruida un par de días más tarde y que se puso a llorar nada más pronunciar la primera frase, o a aquella mujer joven cuya imagen se hizo viral sobre unos colchones sacados de una casa también amenazada por la lava y el fuego a la que pude entrevistar, o al sacerdote de El Paso, al que tuve que consolar en directo mientras sus ojos lacrimosos empezaban a brillar con la luz de nuestros focos. Domingo Guerra era conocido como el cura de los tres volcanes, había vivido la erupción de 1949, la de 1971 y esta del volcán de Cumbre Vieja bautizado finalmente con el nombre de Tajogaite.

—Gracias por permitirme agradecer a toda España la avalancha de solidaridad, de cercanía con el pueblo de La Palma —me decía en una conexión nocturna en la que el volcán se pronunciaba con nuevas y sonoras explosiones.

—¿Qué es lo que más le impacta, lo que más le preocupa?

—Por supuesto el desgarro de las personas que han perdido todo por lo que habían luchado…, muchos viajaron a Venezuela para hacer un dinero con el que levantar su casa que ahora ven perdida…

—¿ Le parece que este puede llegar a ser más destructivo que el volcán de San Juan de 1949?

—Sí, este será mucho más destructivo porque aquel era impresionante, pero la carrera de la lava llegó al océano hasta crear lo que es Puerto Naos. Pero este sí, este parece ser más duro que aquel. Además, se expande como dedos de una mano, por diferentes lugares, y no sabemos lo que puede pasar.

No podía seguir en La Palma. Tenía que volver a mis ocupaciones al frente del informativo de la noche en Telecinco… Me sustituyó Alba Lago, quien tuvo, seguramente, una de las mejores experiencias de su vida. Es muy importante que los medios acudan a los lugares que se han convertido, por cualquier circunstancia, en puntos de especial interés. Pero es sobre todo en las grandes tragedias donde esa presencia se justifica más. Se trata de informar desde el lugar de los hechos, llevar en directo la noticia y sus protagonistas hasta los espectadores, radioyentes o lectores, a quienes nos debemos sobre todas las cosas. No podemos decir que nuestra presencia haya conseguido tales o cuales ayudas, tales o cuales acuerdos, pero seguro que la presencia de periodistas en lugares de conflicto o de desastres naturales, como es este caso, sirve para sensibilizar a la población a la que nos dirigimos y a los representantes políticos. Si no fuera así, este trabajo no tendría el mismo sentido.

30
Cuando aprendí
la importancia de saber irse

Los periodistas, según creo, siempre seremos periodistas. Se puede abandonar la edición y presentación de un espacio de noticias en televisión, pero el periodismo se puede ejercer en otros lugares o haciendo memoria y relatando algunas experiencias como hago ahora.

El asunto es que, si ponemos atención, hay señales que nos indican que hay que dejar vía libre a otros antes de que te lo pida la audiencia o la dirección de una empresa de comunicación. Por ejemplo, cuando a pesar del amor a una profesión, el ejercicio de esta se va convirtiendo en algo mecánico: reunión de escaleta, comida, nueva reunión de escaleta, revisión de novedades con los jefes de área, escribir las entradillas, maquillaje y peluquería, cambio de vestuario, presentación… y vuelta a casa. Todo empezaba a resultar demasiado repetitivo.

La imagen de Charles Chaplin, apretando tuercas en una cadena de montaje en la película *Tiempos modernos,* es bastante elocuente de lo que ocurre cuando un trabajo se hace repetitivo… Si hubiera que buscar una imagen que representara mis sentimientos al final de una larga carrera, habría que hacerlo con esta cinta. Hay un momento en que el genial actor británico nos muestra la consecuencia y la sensación de hacer algo por pura repetición; con oficio por todo el tiempo pasado, pero que, por una serie de circunstancias, ya no emociona como antes.

O quizá fue algo tan simple como que no me sentía capaz de seguir corriendo y que un día tenía que detenerme porque continuar era como una especie de fraude para todos. ¿Recuerdan a Forrest Gump? Corría por Estados Unidos, le seguían miles de personas en esa carrera y un día se detuvo; nadie daba crédito y él, mirando fijamente a la cámara —que eran los ojos de quienes le seguían—, dijo:

—Estoy muy cansado, creo que me iré a casa.

Y se fue.

Pues eso, me había cansado y quería irme a casa; como él. Era necesario dejar mi puesto a alguien con ganas, con nuevas ideas y más joven que yo. Si me iba perdería un buen sueldo y unos magníficos compañeros; su apoyo y el ambiente de complicidad creado en aquella redacción me mantenían vivo y en alerta, pero también estuve atado durante muchos años por unos horarios que me impedían hacer una vida como la de la mayoría; necesitaba recuperar a la familia y los amigos; simplemente poder pasar una tarde con personas a las que no había dedicado el tiempo que merecían, que merecíamos.

Creo que en los últimos años he estado aprendiendo a salir. No quería que me afectara demasiado alejarme del trabajo al que había dedicado una atención casi absoluta. Como decía en el primer capítulo aprendí muy pronto que nada era permanente y que no hay personas imprescindibles. Podemos ser necesarios en algún momento, pero también somos perfectamente sustituibles. El problema viene cuando esos cambios se convierten en un drama, a veces patológico, cosa que ocurre también muy a menudo.

Lo tenía decidido hace tiempo, el consejero delegado saliente, Paolo Vasile, ya lo sabía. Ahora tenía que comunicarlo al nuevo responsable de Mediaset España, Alessandro Salem, que ya parecía avisado de mis intenciones. De todos modos, me preguntó si mi decisión era firme y muy educadamente me dijo algo más:

—Nos encantaría que siguieras con nosotros algún tiempo. Vamos a tener nuevos estudios, como querías, nuevas inversiones, dinero para viajar, nuevas contrataciones.

Me habría gustado trabajar con él, la verdad, pero mi deseo de dejar la televisión no era algo repentino. No sentía el informativo tan mío como años antes. Además, ya empezaba a sufrir —no sé si por aburrimiento, por la edad o por ambas cosas a la vez— una cierta pérdida de motivación. Creo que pocos lo notaron, quizá los más íntimos. Yo seguro que sí. Tenía que dejarlo antes de que lo notara el público, los telespectadores.

Mi última maquilladora, Fátima, me decía una tarde:

—Hoy sí te veo con más ojeras, como más fatigado...

Era cierto, pero cada día me salvaba el recuerdo de Jesús Hermida y ese amor a la cámara que aprendí con él. Cuando se encendía el piloto rojo era capaz de sobreponerme.

—No sé cómo lo haces —decía Fátima cuando terminaba el telediario y volvía a su sala para quitarme el maquillaje.

—Porque mi relación con la pantalla —le respondía— es una historia de amor.

Sí, con la cámara y con todo lo que representa ese artefacto de comunicación y de crecimiento personal. Era una cuestión de conciencia, de compromiso por ser heredero de toda la gente, de todos los profesionales que habían hecho televisión antes que yo mismo. También por los que harán este trabajo cuando los demás nos hayamos ido.

A los sesenta y ocho años era consciente de que la relación con el trabajo, con los informativos de televisión, con la televisión misma había sido maravillosa, pero muy absorbente. Empecé a pensar en cuántas cosas había dejado de hacer por ella; actividades que antes me gustaban muchísimo, como acudir al teatro, ir a conciertos de todo tipo, viajar o cantar tocando un instrumento musical, y puse en marcha mi proceso de preparación para la salida. Por ejemplo, reinicié los viajes a Altea para reencontrarme con mi amigo Ricardo Avendaño y con la navegación a vela con la que tanto había disfrutado años antes, recuperar mis caminatas por el campo con las perras y empezar algo que siempre había deseado, estudiar piano. Obviamente, no pretendía ser un Liszt ni un Lang Lang, ni siquiera un mal pianista del bar de un hotel en decadencia, simplemente quería aprender a tocarlo mínimamente para construir melodías y acordes con los que emular malamente a Nat King Cole, Dean Martin o Frank Sinatra. Descubrí, por cierto, que era una maravillosa forma de meditación; mientras se pulsan las teclas, mientras vamos descubriendo la armonía que surge de ellas vivimos en el presente; estar pendiente de las notas no permite que nos abandonemos en otros pensamientos, a veces oscuros. Mientras se interpreta algo, con cualquier instrumento o cantando —como decía Michel Sardou en *En chantant*—, la vida suena de otra manera.

Y empecé por tercera vez a intentarlo con ese instrumento. Hace bastantes años pensaba que era fácil, porque era más capaz de aprender, pero con el paso del tiempo esa capacidad para el aprendizaje va mermando de un modo progresivo. Sin embargo, ahí seguí y sigo con melodías y acompañamiento de temas clásicos de la música norteamericana de los cuarenta y los cincuenta. Me cuesta, pero el aprendizaje me ayuda a ese apartamiento con respecto a las redes y la información trepidante y, además, resulta ser un buen método, junto con la escritura a mano o con el ordenador, para conjurar la artrosis que ya se muestra como amenaza.

Desde unos tres o cuatro años atrás ya sabía que tenía que dejarlo, me faltaba el valor necesario para tomar la decisión porque temía entrar en un periodo de depresión, como ocurre tantas veces a tantas personas. Algunos llegan a pensar que la vida deja de tener parte de su sentido. Así pues, tenía que convencerme de que era bueno vivir lo que no había vivido; eso que muchas personas hacen por la tarde noche. Nunca había podido ver, por ejemplo, un partido de la Champions. No es que sea un gran aficionado, aparte de tener una cierta simpatía por el Albacete Balompié —que nunca juega esa competición y todo indica que no lo hará, por ahora— y por el Atlético de Madrid, pero ya vi el primero de ellos: un Real Madrid-Manchester en el Santiago Bernabéu. Un espectáculo impresionante. Empecé a pensar en que podía volver a los conciertos del Auditorio Nacional sin que fuera necesariamente el sábado o el domingo por la mañana… Estar con mi familia, dedicarnos un tiempo de mayor calidad, recuperar las aficiones que podíamos compartir, intentar llevar una vida normal. Simplemente.

He conocido gente maravillosa en todos los lugares en que trabajé, en el diario *Pueblo*, Radio Nacional de España, Televisión Española, Antena 3 y particularmente en la redacción de Informativos de Telecinco. Sé que están ahí y que no desaparecerán en esa otra vida que quería reiniciar, pero llega un momento en que hay que medir si el trabajo produce el placer de antaño y si es bueno recuperar las conversaciones con los amigos, pasear, ir al cine o poder gastar la tarde con mi hijo cuando viene de Londres. Una relación que solo podíamos tener a partir de las diez y media u once de la noche, en alguna cena en la que me esperaba con su mujer y la mía porque inexorablemente yo siempre salía tarde y siempre llegaba tarde a cualquier restaurante.

Recuerdo algunas anécdotas que en su momento podían hacerme una cierta gracia, pero que ahora observo como un símbolo del tiempo irrecuperable. Fue en 1990. Me despertaba a media tarde para cenar e ir a Televisión Española, donde hacía el programa *Buenos días,* cuando vi que él, con apenas cinco años, hablaba con un fontanero que estaba reparando una fuga de agua en el exterior de la vivienda. No sé lo que decía el hombre, pero a él sí que le escuché con claridad:

—Eso sí que es trabajar y no como mi padre, que se pasa el día durmiendo.

—El día durmiendo. —Me reí—. Vaya ocurrencia la del niño.

Pero con el paso de los años no me hacía tanta gracia. Me había perdido su infancia con trabajos que exigían muchas horas y en horarios muy diferentes a los de los padres de los otros niños del barrio o de su escuela. La cuestión era tan chocante que él preguntaba a sus amigos a qué hora salían sus padres por televisión para contarles las cosas que pasaban en España y el mundo, porque no concebía que la nuestra fuera una familia diferente. Siempre asistió a mi trabajo como algo absolutamente normal, cotidiano, y eso me gustaba…, pero a la vez tenía delante de mis ojos la prueba de mi desconexión de la vida en general. Ahora tenía que importarme yo mismo, pensar en mi felicidad y la de los míos, si es que aún podía, y seguí con mi preparación para cuando dejara el trabajo. Ya lo he contado, piano, pasar más tiempo en Altea, viajar…, pero tenía que hacer algo más. Por ejemplo, intentar dar clases, conferencias con algunos de los contenidos que aparecen en este libro, advertir acerca del pantallismo o dar clases sobre comunicación. No quería ser el jubilado que visita obras en las calles o que se refugia en los recuerdos de cuando estaba en activo. Tenía que mantener viva mi cabeza, más incluso que cuando trabajaba. Sí, porque ahora tenía más tiempo para pensar, para escribir, para documentarme.

No quería volver a la tensión de la televisión generalista, a las alegrías o los disgustos de los datos de audiencia. Tenía todo previsto, pero como dije en algún momento, una serie de acontecimientos como el COVID, la guerra de Ucrania y el proceso electoral ralentizaron el momento de mi salida. El tiempo pasaba y ya, poco antes de las elecciones generales de 2023, comuniqué mi propósito de dejar mi cargo como jefe de Informativos Telecinco y mis funciones de editor y presentador del espacio de las nueve de la noche. No fue difícil ponernos de acuerdo sobre el momento de la salida. Sería al término de esos comicios. Todo se hizo con afecto. Con lo que no contaba es con la fiesta que me prepararon mis compañeros.

Cuando dije «adiós, hasta siempre» y salí de aquel pequeño estudio me encontré con cientos de personas que me esperaban en un larguísimo pasillo de besos y abrazos que daba una vuelta de ciento cincuenta metros hasta llegar a un estudio de programas en el que habían preparado una gran fiesta. Estaban los jefes, los hombres y mujeres de Publiespaña, los responsables de Telecinco Cinema, trabajadores de cocinas, de la administración general y de personal y, por supuesto, los subdirectores de Informativos, nuestros redactores, cámaras, los inolvidables compañeros de producción y nuestras secretarias —estas sí que eran imprescindibles— encabezadas por Pilar del Pozo.... Todos tan generosos. También algunos de nuestros grandes presentadores, un equipo formado por mi amigo Pepe Ribagorda, que esa noche no pudo estar conmigo, Isabel Jiménez, David Cantero, Ángeles Blanco o mi última compañera en plató, Alba Lago, con quienes me fundí en un abrazo. Aprendí mucho de ellos; más de lo que se imaginan.

También llegaron nuestros corresponsales y representantes de las delegaciones en las distintas comunidades. No era posible rebajar la emoción y menos aún cuando Carlos de Francisco y Eva Tribiño me entregaron el fondo que nos acompañó como decorado durante los últimos dieciocho años: el *skyline* de Singapur. Era muy pobre, muy barato, pero hizo su papel. Hoy está en el garaje de mi casa dándome la bienvenida cuando llego, como si no pudiéramos separarnos nunca.

La vida pasa, pero no podemos aferrarnos a lo que hicimos un día, sino a lo que hacemos en el presente. Me ofrecieron algunos programas, pero no eran de mi estilo y además, lo primero que quería hacer era desintoxicarme de un trabajo que había sido muy exigente. Si hubieran sido espacios documentales…, bueno, pero volver a la televisión generalista, preocuparme de nuevo por las audiencias y sufrir cuando no son positivas era algo que no me apetecía especialmente. Para eso sí que ya tenía una edad.

Nunca pensamos en la vida con una cierta distancia. No tenemos empatía hacia nosotros mismos, no nos conocemos y muchas veces nos enviamos mensajes irreales, muy negativos o excesivamente positivos que nos impiden tener una visión correcta de nuestro papel como personas y como trabajadores. Saber llegar a una empresa y aprender a trabajar es muy importante, saber estar, desarrollarnos y crecer también lo es, pero saber irse de una forma tranquila sin causar dolor es fundamental. Aun siendo decisivos, el trabajo o los éxitos no son lo más notable en la huella que podemos dejar de nuestro paso por el mundo.

Vuelvo a los amigos y a la familia, a los viajes, a la radio y a la escritura. Vuelvo a cualquier actividad que pueda ser enriquecedora con la sensación de que un periodista nunca se jubila del todo. He cerrado una etapa en informativos, pero esto no quiere decir que no vaya a volver algún día a hacer algo diferente en televisión; nunca se sabe, pero no creo que eso vaya a suceder. Ahora estoy cerrando el ciclo de mi vida profesional y lo hago de un modo leve y soportable, en Radio Nacional de España. Allí empecé, en Radio Exterior, su onda corta, como alumno en prácticas. He sido redactor, director de distintos espacios informativos y un par de programas, también director general de la cadena entre 2004 y 2006... y hoy, cuando ya nada es urgente, vuelvo humilde y orgulloso como colaborador del espacio de fin de semana *No es un día cualquiera,* de Pepa Fernández, que es mi última y brillante directora. No puedo pedir más.

PEDRO PIQUERAS
Valdemorillo, Madrid
19 de noviembre de 2024